人間はどこから来てどこへ行くのだろうか

人間・幸せ・健康について

本山博

宗教心理出版

序文

この頃の世相をみると、人びとは豊かな物質的生活を享受し、インターネットで仮想と現実のミックスした世界で、グローバルな規模で見知らぬ人とそれぞれの考え方の交流をしたり、ありもしない会社をインターネット上で作って金儲けをしたり、種々と人間生活が今までにない複雑な様相を呈してきた。いったい人間は何のために生きているのだろうか、これでいいのだろうかと思う。

皆さんと一緒に、人間の生きる目的、生き方、仮想と現実の関わり合い等について考え、グローバル社会を実現するにはどうしたらいいかを考えてみたいと思って、この本を書いてみた。

一週間ほど前、久しぶりに渋谷へ行った。渋谷へ行く前に、井の頭公園の動物園で昔の武蔵野の大きな林の間に坐って自然と静けさを満喫して、五時近くに渋谷へ着いてみると、目の前に人の波があり、間をくぐって歩くのに骨が折れた。先ず人の多いのにびっくりした。多くの人びとが信号を待って、自動車の洪水の中を歩道から歩道へ忙しく歩いて行く。多くの人びとは飲食、買物、散歩その他の用事で来ているのであろうが、町は一見、多くの人びとのつくり出す雰囲気がある。一種の動き、活気があるが、何か、目標の定まらない一種の退廃があり、底に新鮮な活力が感じとられなかった。

明治、大正生まれの人からみると、現代の日本人の生活は、物の面からみれば、昔の帝王以上に豊かな生活をしている。人びともそれに満足しているようにみえる。特に若い人びとは豊かな物質的生活を享受し楽しんでいる。うらやましいと思う。

定職がなくても、何かアルバイトをすれば生活には困らない、恵まれた世の中である。

しかし、若い人たちを含めて、豊かな生活を求め楽しんでいる人びとは本当に幸せなのだろうか。物の豊かな生活を楽しむには、身体が健康でないとどうにもならない。人びとは、身体の健康を得るためにはスイミングクラブ、ヨガの体操クラブ、ジムに通い、あるいは高価な漢方薬を求め、果ては宗教まがいの霊能力治療や健康法に何百万の金を使う。

人びとは心や道徳を忘れているようにみえる。人を簡単に殺害する事件、泥棒など、人は人を物としてしか見ていないようにみえる。金さえあれば何でもできる世の中のようにみえる。ニューヨークのテロ事件は、その根底に、イスラムとキリスト教、イスラムと民主主義という、宗教間、宗教と民主主義というイデオロギー、あるいは文明との争いがある。イスラムの内では人びとは同じ信仰をもち、心が通じ合い、貧しくとも助け合うことができるが、他の宗教、文明とは調和がとりにくい。

このように現代の世の中をみてくると、物の豊かな生活も、心、道徳を忘れて、人間の生き方にしっかりした方向がみられない。心の成長がみられない。

人間の心に拠り所と行くべき方向を示してくれるはずの宗教も、争いをつくる原因となっている。いったい人間は、どう生きて、どこへ向いて成長していったらいいのかがよく解らない時代になってきている。

現代は科学技術、通信、コンピュータの発達で、現実の物を見なくても、画像やインターネット通信で、人びとに会うことなく会話ができ、物事について話し、現実の現象をコンピュータのシミュレーションで模擬実験して理解することに慣れてきた。仮想と現実とがミックスした世界に人びとは住んでいる。インターネットのソフトによる命令で機械やロボットが動く。これは霊界で日常行なわれているテレパシーや念力現象と似通っている。しかしこの仮想の世界では、人間は、感情や欲望を剥き出しにして自己規制が効かなくなる危険を伴う。私が創立し学長をしてい

CIHS全景

るＣＩＨＳ（カリフォルニア人間科学大学院大学・アメリカ・カリフォルニア州政府公認の大学院大学）及び本山人間科学大学院大学日本センターでの、インターネットを使ったオン・ラインコースでの学生たちのディスカッションをみていると、この傾向が強い。面識がない、顔が見えない、相手の性格も分からない人びとの間で、インターネットを通じての学問的議論であっても、自己主張とエゴをまかり通そうとする傾向がみられる。インターネット取引では嘘や邪悪が横行する。

人間は物の生活が豊かになり、心や道徳や宗教を忘れて、現実と仮想の狭間に入り、迷える魂のようになっている面がみえる。

いったい人間とは何か。どこから来て、どこへ行くのか。人間の人間らしい幸せな生き方とは何か。現に地球社会を実現せざるをえない方向に人間社会は進みつつあるが、人間はそれにどう対処したらいいのか、政治や経済、宗教はこのままでいいのか等について、皆さんと一緒に考えてみたいと思ってこのシリーズの本を書くことにした。

読者の皆さんからの応答をお待ちしています。

二〇〇二年三月

本山　博

目次

三　身体の健康とは何か

装幀＝川畑博昭
本文イラスト＝すずき　すずよ

目　次

人間はどこから来てどこへ行くのだろうか

――人間、幸せ、健康について――

序

一　人間はどこから来て　どこへ行くのか

人は一生の内で何度か、人間はいったいどこから来て、どこへ行くのだろうか。一回きりの存在なのだろうか。身体とそれとの関連で働くだけで、魂なんか無いのではないか。魂があるとしたら、魂とは何だろうか、と考えるのではなかろうか。

幸せとはいったい何だろうか。肉体的満足が幸せなのだろうか。金持ちになるのが幸せなのだろうか。

心の幸せとはいったい何だろうか。魂の幸せがあるとしたらどんなことだろう。健康は人間誰にとっても重要なことであるが、身体の健康だけが健康なのだろうか。

心にも健康や幸せがあるはずだし、魂があるなら魂にも健康や幸せがあるはずだが、いったい、心の健康、幸せ、魂の健康、幸せとは何だろうか。

私は幼少より厳しい宗教的修行を行ない、いわゆる超常的能力を得て魂に会い、神に会い、人の病気を治し、人の前生を見て、人間は単なる身体と心だけのものでなく、魂をもった、身・心・霊よりなる一全体的存在であり、魂（霊）こそ人間存在の本質であり、身体は魂によって創られ、その創った身体を保持し、それを道具として働く魂が心、意識であることを体得した。さらに、人間は神のところへ還るべく霊的進化をするのが、その存在理由であることを直観した。

魂があること、魂によって物理的現象や心霊治療がどうして生じるかを科学的に解明するために、物理学、医学、数学を学び、種々の測定器を作り、特許を取り、超常的能力の解明のために種々の実験を行なってきた。その間、ユネスコからは、優れた超心理学者として選ばれ、イタリアのアカデミア・チベリナの会員に選ばれ、学会賞を貰った。ユネスコから、著書『超感覚的なものとその世界』は優良哲学書として選ばれた。

その他種々の賞を貰い、十年前にはアメリカに州政府公認の大学院を創り、上の研究を大学院として進められるようになった。そして何時の間にやら五十年以上経ち、七十七歳となったが、人間とは何か、どう生きるべきかを常に真摯に問い続けている。

この本は、上述の宗教体験、科学的実験、哲学の、それぞれの立場から一つの事項を説明し、さらにそれを宗教体験、科学的実験、哲学の立場を統合する立場から説明するようにして、話を進めてみたものである。

現代の人びとは豊かな物の生活に酔い、道徳を忘れ、テロが起こり、宗教の争いが多発している現代の世の中で、人びとは、人間とは何か、どう生きるべきかを心の中で問い続けているであろうと思う。

それに答えるべく、上述のそれぞれの立場からと、それを統合する立場から易しく書いたのがこの本である。少しでも皆さんの心の支えになり、正しい生き方を見出し、人間は身・心・霊よりなる一全体的存在であることを理解して戴ければ幸いである。

一　人間はどこから来て　どこへ行くのか

人生の目標は何か

身体の面からだけ考えれば、両親から生まれ、育ち、成人になると働き、食と住居、着る物を得て健康を保ちつつ生活が安定すると、妻あるいは夫を迎えて結婚し、子供を産み、育て、生を終える。死後は何も残らないと考えられる。本当に人間は身体だけの存在なのだろうか。

しかし人によっては幼少の頃から、私はどうして生まれてきたの？　というふうに考える少年や少女がいる。少年から青年に移行する時期には、大部分の人は、人生の目的、人間存在とは何かについて悩むものである。仕事や事業あるいは勉学に挫折すると、人は、なんで自分のような者が生まれてきたのだろうと悩む。皆、人生の目標が分からない。今までの人生の目標がぐらついた時、誰でも、自分、人間そのものについてその意義、目的について問いを発し、悩み、解決を求める。

豊かな物質生活は人間を満足さすだろうか

現代は人類全体が、人間の目的、社会の在り方、宗教の在り方について悩んでいる時代である。テロ事件はその表象である。貧困に悩む民族、アメリカ、日本、ヨーロッパのような物質的生活に恵まれ、民主主義によって幸せに暮らしているようにみえる諸民族も一様に、今の生活のままでいいのだろうかと考えるが、いったいどうすればいいのか、よく分からない状態にいる。アフガニスタン、イラン、アフリカの諸国等はそれぞれの国でイスラムを信じ、土着の信仰に従っている限り、貧しくとも平和であったように思う。メキシコのユカタン半島のアメリカ・インディアン、メキシコ人は何も贅沢な生活でなく、自然の与えてくれるものを食べて、暖房も冷房もない粗末な家で心豊かに暮らしていた。それらのいわゆる途上国に、アメリカ式の市場原理による豊かな物質生活を追求する生活様式が流れ込み、人びとはいやでもそれに従わざるをえない環境ができてくると、次第に市場原理による競争が生活の場に持ち込まれ、人びとの心はギスギスするようになった。アメリカ・インディアンの生活は自然と共存する生活であった。農耕を中心とするアジア諸国でも、自然に従い、自然と融和して何千年かを暮らしてきた。そこへ、この百年ほどの間に西洋の科学文明、資本主義経済が流入し、自然を道具として使う人間至上主義の社会、しかもその人間は金によって換算される物になり下がってしまった。物の原理は自己保存の原理であり、他を斥け、打ち負かす原理でもある。今の世相は、人間が豊かな物質生活を得た代わりに、物になり下がり、心や魂や道徳や宗教を忘れた世界である。

人間は身体だけの存在だろうか

現代のナノテクノロジーや電磁気学、放射線医学は脳の構造、機能を分子レベルで解明し、種々の意識機能の、脳における或る部分との密接な相関を見出し、人間の意識は脳の働きの延長と考える学者も増えた。しかし脳神経生理学で解ることは、脳内の各種の神経細胞の局在、化学的働き、電磁気的働きであって、意識内容そのものを対象とできない。

ＤＮＡが解明されて、臓器、組織の働きを或る程度コントロールできるようになってきた。しかし、どうして各個人のＤＮＡが他の人のＤＮＡと違うように生まれてきたかは解らない。ＤＮＡの微妙な働きをコントロールするのは、自己凝縮と、働けば働くほど無秩序に移行する物の原理からは究極的には説明できない。

第一、医学を含めて科学は物の現象の内に必然的法則を見つけ出すのが仕事で、それを観察し、思考し、法則を見つけ出す科学者の心は除けものにされた状態で成り立っているものである。

科学の限界

さらに、心は物のように見ることも触ることも味わうこともできない。感覚に頼って物を研究する科学は、感覚によっては捉えられないもの、心は対象にできない。

この四百～五百年の間、特にこの百～五十年の間に科学は急速に発達して、我々の物質的生活を豊かにし、コンピュータ、インターネットによって感情や考えを世界中の誰とでも交信し、分かち合えるようになった。科学が心の働きの中へ参入してきたように思える。そして、仮想と現実のミックスした次元の世界をつくり出している。

コンピュータでシミュレートされた仮想の世界は物としての画像であるが、それに現実との関連において意味内容を認め、認識するのは人間の心である。人間の心がなければ、コンピュータのつくり出すイメージ、文字は単なる信号にすぎない。その信号をつくり出すソフトも人間の心がつくり出したものである。したがって、コンピュータによって仮想と現実の入り混じった世界をつくり出し、そこに意味内容を見出すのは人間の心に他ならない。コンピュータはハードの回路とソフトの命令に従って、或る電気信号を画像、文字という記号で表しているだけである。

実は、仮想と現実のミックスした世界をつくり出しているのは人間の心の働きによる。

コンピュータは人間の心の代わりはできないと思う。これは先ほどの、心は脳機能の延長ではないという議論と同じである。

長々と話したが、つい、科学、医学の発達に迷わされて、人間の心まで物の延長であるかのように考えることは誤りであると言いたかったのである。心は脳や身体やコンピュータではない。それらとは別のものである。

ではいったい、心は物とどう違うのだろうか。

心について

物は凝縮と無秩序という二つの原理で動く。心は、愛、智慧、創造力をもって物や人の心に働きかけ、物を創り出す。たとえば芸術活動、家をデザインして作り、着物をデザインして作る。人の悲しみを共有し泣いてあげられる。そこには人間の愛情がある。子どもが入学試験に受かると、親は心から喜ぶ。家や着物を作るには物の性質について知る智恵が必要であり、物を作り上げるには物への愛がないとできない。子どもの入学を我が事のように喜ぶ親の心は、物のように別々のもので一つに融けあえないものと違って、一つの心になれた状態である。

心はさらにその重要な性質として、自由性をもつ。たとえば何かをしようとする時、直感的に「しない方がいい」と思って止める。あるいは、よく考えてそれを止める。いずれにしても、「する」か「しない」かを決める自由性をもっている。

しかし他の面もある。必然的に引っ張られて止められない不自由性もある。タバコ飲みにはタバコを止めることは難しい。止めようと思っても、仕事で難しいことにさしかかったり、一区切り終わると、つい、悪いと思ってもタバコを吸う。欲求に必然的に引っ張られて、止めようと思っても止められない。人間の欲望は、一定の条件が整うと必然的にそれを満足さすことを要求して、人間の心、理性はそれに従うことになる。嫌いな人の所へは行きたがらない。人間の心の内の欲望や感情は或る条件の下で必然的に働く。これを止めることは難しいが、人間の理性、反省できる心は、これを事情に応じて止めることもできる。

愛情は一つの感情であり、必然的に動きやすい。子どもに、一日に一個チョコレートをあげることは子どもにいい、二個、三個あげるのは子どもによくないと思っても、子どもがあまりせがむとついあげてしまう。親は子どもへの愛情に弱い。しかしこれが将来、子どもの体質をたとえば酸性タイプにする、アレルギー体質にすることもありうる。性格を人に甘えて自立できない人間にすることにもなる。きっぱり、一日に一個以上チョコレートをあげない、子どももそれを受け入れる時、子どもが大人になったとき体質もいい方向になり、性質も自分で欲望をコントロールできる自立的人間になる。愛情でなく、相手を心身共に成り立たせ成長させるには、真の愛が必要である。真の愛で働く人は、自らをコントロールし、反省でき、他を他の立場に立って助けることができる。

心の愛、智慧、創造力と自由性

真の智慧も、物や人の心の状態を知り、物や人の心が成り立つように、創造的に働くことができる。

真の智慧は物や他の人を成り立たせる智慧であり、一人の人間の、自分だけに利益を得ようとするような利己的な智恵でなく、自己をこえて物や他人をその内に包み、これらを成り立たせる、一種の場所としての心である。

創造力は愛と智慧に支えられないと成り立たない。鉄筋コンクリートの二階の床を作る時、真中ほど重力で床は下に下がる。したがって、鉄筋は真中で一定の面積だけ一段下げて組まないと、床が落ちたりひびが入ったりする。物を創造するには、物が必然的法則に従って動くことを知る智慧がないと、物は創れない。これは対象つまり床がもつ性質を知ることであるが、これも自己の中で考えた現実離れをした想像的智恵ではなく、物になって物を知る智慧である。ここでは自分の心は物をも包みうるもの、物と対立した心でなく、物になり、物の立場をも超え、しかも物に対立する自分をも超えた立場―場所―になっている心である。

心はこのように、他を包み（場所）、他となり（愛）、他を成り立たせる（智慧と創造）ことができる。そして、今これをした方が物や人を成り立たせるのに適切かどうかを知り（智慧と愛）、それを実行することも止めることもできる自由をもっている。

物は自己保持のために必然的に働くだけであり、働くほどに無秩序、崩壊に向かって進み、遂に無くなる。私たちの身体も百年もすれば崩壊する。物としての地球や宇宙も、何十億年、何百億年のうちに崩壊する。最近のハッブル望遠鏡は、巨大な星、銀河の崩壊を見事に捉えている。

人間の身体は物であるから、必ず崩壊する。しかし心も崩壊するだろうか、無くなるだろうか。

先ずここで考えたいのは、心のもつ、自己を超えて他を包み、他を生かし支える性質と、自由性である。

この二つの性質は、物理的次元の物が必然的法則に従って、物理的空間の中で物理的時間に従って働き、自己凝縮と無秩序への移行という性質によって崩壊する物にはない性質である。

他を包み、他と共感し、一つに融和できることは、時間や空間の中で一個の自己存在を固守して、必然的法則に従ってのみ働く物の次元を超えることができることを示唆している。心は必然的に進む時間や有限な空間を超えることができる。量子力学でも量子の働く場についての論理があり、電磁気学でも電気力、磁気力が働く場、電磁場の論理がある。しかし、これらの場で働く量子も電磁エネルギーも必然的法則に従って働く。これに対し、心は、他を自己の内に包み（場所としてある）、これを支え助ける働きを、必然的法則に従ってするのでなく、自由意志によって行なうのである。

物理的次元の必然的に進む時間や有限な空間に制約されない、自由と無限性をもつ。

このように考えると、心は、たとえ身体が滅んでも、存続しうるかもしれないと考えられる。それは魂の問題である。

物理的次元の時空に制約されない魂

本当に、人間の心、魂は物理的時空や必然的法則に制約されないで働きうるかどうかを確かめる実験を、私どもの研究所（宗教心理学研究所・東京都三鷹市井の頭四－十一－七）で種々と行なってきた。

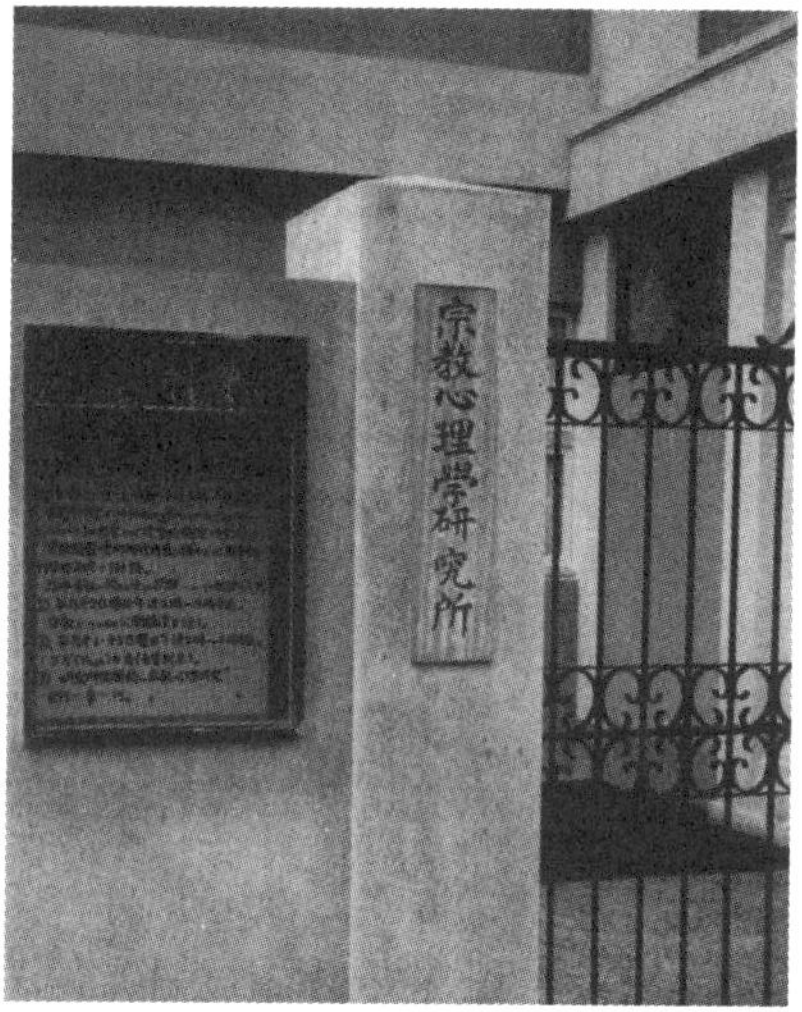

宗教心理学研究所（1962.5）

その一つにESPカードによる予知実験というのがある。アメリカのデューク大学でライン教授が考案した、波、十字、丸、星、四角の五種のカードそれぞれ五枚ずつ、二十五枚からなるカードを、交ぜない前に、交ぜたら生じるであろうカードの順

ESPカード

番を予知してもらうと、ＥＳＰ（超感覚的知覚）能力のある人、たとえば私や私の母は偶然では起こりえない確率でそのカードの順番を予知できる。これは現実にはまだ存在しないカードの順番を知るということである。したがって、物理的次元の時空には制約されない心の働きがあることが解る。この心の働きは予知とも考えられるし、心の働きが直接カードを交ぜるのをコントロールして、カードの順番をつくり出したとも考えられる（念力）。後者の場合は、心は物理的次元の物に道具を使わないで直接働きかけうるということである。

この念力をさらに、被験者（霊能力者）を電磁エネルギーを遮断したシールドルームに入れて、種々の電磁気的器械で脳波、ＧＳＲ（交感神経の反応）等を測定する実験をして確かめてみた（本山博著『宗教の進化と科学』二二一～二三二頁を参照して下さい）。

まず、電磁エネルギーが通らないシールドルームの中に被験者に入ってもらい、脳の動き、自律神経の動き、呼吸、血流等を測る電極を身体に付け、部屋の天井、床、四方の壁に光センサーを付けて、真っ暗がりの部屋の中で念力によって光を出してもらう実験をした。

すると、その被験者（ユダヤ人）を守護しているエジプトの神霊が下がると、光が出てきた。その時呼吸は止まり、交感神経は凄く興奮し、心臓の振動も速くなった。出てきた光は下腹の丹田の前の辺りで出現し、赤になったり緑になったり、一センチくらいの大きさの円光になり、止まったり動いたり、一度に三条の光になって急に現れたり消えたりした。

真っ暗なシールドルームの中で念力により光を出現せしめた心（魂）は、その念力によって、物理的手段を使わないで直接、光という量子（物質）をうみ出すことができた。その後、この研究はカリフォルニア人間科学大学院大学の生命物理学科での光量子を捉える実験で、人間の細胞が興奮して出現するバイオフォトン（生物光量子）のように遊離酸素から出るものと違って、人体を形成している水分の、水素原子からのものであることが確かめられた。

いずれにしても、上の種々の実験から、人間の心は物や道具を使わないで直接、光（量子）物質をうみ出しうる形成力、創造力をもっている。そして、光をうみ出すか出さないかはその人の自由意志による。その時、神霊の力が加わると成功することが示されている。

今まで少々ややこしい実験の話をしたのは、人間の心は本来、物と違って、自らを反省し、自分をコントロールできる能力をもち、自由をもつ。その自由な心は物理的次元の時空に制約されない、物を直接、心の力で創造、形成できることを証明して、皆さんに、人間の心は身体や脳の働きの延長でなく、物理的時空に制約されてのみ存在しうる身体とは違って、時空をこえて働き存在しうるものだということを確かめてもらいたいために、長々と話したのである。

では、その身体の死後も存続しうるであろう心、魂は死後どうなるのであろうか。

それを今度は、私の心霊相談の再生の実例を通して話してみたい。しかし、その前にもう一つ別の実験で、死後存続する魂も、魂の身体（これは肉体とは違う）をもっていることを話してみたい。

チャクラの図

霊体のエネルギーセンター（チャクラ）

十年ほどの間に数回、次のような実験をしてみた。

最初二十名の人を私が超感覚的にみて、「この人はどのチャクラが目覚めている」と霊視をし、身体の経絡（気エネルギーの流れる経路）の始点あるいは終点である井

経絡	臓器	チャクラ
督脈　任脈	脳脊髄	サハスララ
膀胱　小腸	松果腺	アジナ
肺（心包）大腸	呼吸器	ヴィシュダ
心　心包	循環器	アナハタ
心包　三焦	全身	
脾　胃	消化器	マニプラ　1
肝　胆	筋	マニプラ　2
腎（小腸）膀胱	泌尿生殖器	スワディスタナ
肺　大腸	皮膚	

経絡-臓器-チャクラ対応表

穴（手足の指の尖端近くにある）に電極を貼付して、次に、私が各人の目覚めたチャクラ（七つあって、それぞれ生体の臓器、組織、神経系及び経絡と対応し、霊的エネルギーを気エネルギーに転換する、身体と心と魂をつなぐインターフェイスである）に霊的エネルギー（物理的時空に制約されない）を送ると、みるみるうちに、或るチャクラ、たとえばマニプラチャクラ（これは消化器系に気エネルギーを送る胃経、脾経、肝経、胆経等の経絡）の気エネルギーが増加するのである。

もちろん、被験者の人には、いつ、どのチャクラに霊的エネルギーを送るとは何も知らせていない。そして、私の送る霊的エネルギーが入ってくるのを直観する人もあればしない人もあるが、いずれの場合も、或るチャクラに霊的エネルギーを送ると、そのチャクラと対応している経絡の気エネルギーが増加する。そしてその気エネルギーを受ける臓器や組織も活性化される。ところがチャクラが霊的次元で目覚めていない人は、あまり変化しないか、僅かに変化するだけである。

上の実験から、人間は物理的次元の時空に制約されない霊的エネルギーを受け入れる魂の身体（＝霊体）（これは物理的時空には制約されない。したがって肉体の死後も存続しうる）をもっている。この霊体は霊的エネルギーのセンターをもっており、それが肉体と心と魂の間をつなぐ接続点でもあることが判明した。

物理的次元の時空に制約されない霊的エネルギーとか、霊体、魂とかは、たとえナノメーターの科学技術をもってしても直接には測れない。それらが、肉体とか、物、物理的現象に繰り返して同じ結果を生ぜしめる、その結果を科学的に測定して、間接的に証明するより方法がない。しかし、常に同じ条件の元で同じ結果が得られれば認めざるをえない。ただし、霊能者あるいは被験者が自由意志をもって協力してくれないと同じ結果は得られない。

以上の実験は、人間は死んだら心あるいは魂だけが存続するのでなく、霊体も存続することを示す。

幽霊をみた

私は幼少の頃からよく幽霊をみた。ぞっとするほど恐かったが、長じてヨーガ行をするようになって、霊の苦しみを救えるようになってからは恐くはなくなった。が、霊が出そうだなという予感はそこへ行く前にはっきりしている。

そして霊をみると、その霊が生前遭った事件やその場所がはっきり見える。後で、現実にその人が生きていたか、死んだ場所、死に方について調べてみると、霊視をしたとおりであることが大部分であった。

兵助の霊

たとえば小豆島に御本宮を造営中、忙しくて、ドイツの大学へ出す論文（「超常現象の電気生理学的研究」）がなかなか出来上がらないので、集中して論文を書ける静かな場所を探していると、お宮の造成工事を請け負った建設会社の社長が、「山奥のダムの建設現場の事務所が空家になって三年余りになるが、まだ使える」と言うので、車で山道を四十分ほど走った、人家の一軒もない山奥のダムの建設事務所へ案内してくれた。夕方だったので、私のふとんや食料を下ろすと、運転手も社長も何かしらそわそわして大急ぎで帰ってしまった。ああ、これは幽霊が出るなと予感がした。

十二時頃まで一生懸命に論文を書いて、疲れてうとうとと眠った。すると、まだ完成してないダム工事の現場が見え、大きな二つの岩の間に、昔の陸軍の兵士が着ていた作業服を着た五十前後の男の作業員が逃げ遅れて、ダイナマイトで崩れ落ちた岩に挟まれて死んでいるのが見える。苦しそうである。神様にお願いして霊的力を送ると、岩の間から抜け出してきて、「私は下の部落の兵助という者です。逃げ遅れて、ダイナマイトで崩れた岩に挟まれて苦しみましたが、救って戴いて誠に有難うございます」と深く頭を下げて礼を言うと、フッと消えた。私は苦しんでいる霊を救えてよかったと思い、夜中まで論文を書いた疲れで朝までそのまま寝てしまった。

翌日、早速に一キロメートルほど離れた山の中の一軒家を訪ねて、「昨夜こんな幽霊に会ったが、ご存知ですか」と聞くと、「ああ、兵助のことは可哀相なことでした。あれは下の山中部落の出で、若い頃神戸に出て沖仲仕の仕事をしていたが、あまり収入がないので、自分の生まれた大鐸村でダム工事があり、いい収入が得られるというので帰ってきて、工夫として働いていて、ダイナマイトで崩れた岩に挟まって死んだんです。おっしゃる通りです」と説明してくれた。

岩に挟まれて痛い、痛いという想念に執われていると、肉体はもうなくなっているのに、いつまでも岩に挟まれた状態から逃れられない。死後数年経って、今はすっかり整地されて岩も死体もないのに、魂の想念、「痛い」という苦しみと「岩に挟まれている」という想念に陥ると、死んでいることも解らず、霊体になっても、その想念通りの状態をつくり出して痛がり、苦しんでいる。

霊の世界でも、感情や想念が支配的に働くアストラルの世界では、自分の霊体も周囲の環境もその想念のように形成される。この世では、心で「箸よ、動け！」と思っても箸一本動かないが、霊の世界では、霊の想念通りに自分の霊体も周囲の環境も変わる。したがって、その想念から抜け出さない限り、何百年もその状態が続くのである。もし子孫なり宗教者がその故人のために祈り、神仏の力を注いであげると、その想念から抜け出し、自分が死んでいること、周りに先祖の霊や神仏がいることが解り、霊界で霊、魂として生活ができるようになる。それはこの世よりも楽しい所である。

では、物理的時空を超えて存続する魂は、人間として、霊的存在として、自らが生前、死後で行なった行為によって生み出した結果（カルマの結果）を成就し、霊的に成長するためにこの世に再生し、また死後の魂の世界に移る、再生をあの世とこの世の間で繰り返すことの実例を挙げて説明しよう。そうすれば、人間はどこから来て、どこへ行くのかの一部が明らかになると思われる。

再生の実例

Y・Mは思春期の頃から次第に鬱状態になって、二、三年の後、母親が私のところへ相談に連れてみえた。その娘をじーっと霊視してみると、四百五十年ほど前、中ノ瀬八郎右衛門という立派な、九州の加藤清正公の重臣であったが、関ヶ原の戦いに敗れて諏訪の大名に預けられた重臣の霊姿がみえた。Y・Mはその娘であった。

年頃になって恋人ができたが、両親が許さず、悶々のうちに日を過ごすようになった。その前生の情態が、死後、魂とその身体の状態をつくり出しているのがはっきりみえた。母親（現世でも母親として生まれ変わっている）が近くの阿弥陀如来を本尊として祀っているお寺（正願寺）へ娘を連れてよくお参りに行った。そして心も落ち着いてきたが、やはりその恋情が絶ち難く、若くして死んだ。

この前生の情念が、再生した現世でも前生と同じ年頃になると再び現れて鬱の状態になった。幸い母娘共に信仰が厚く、前生のカルマを知って、魂に残っているその恋情をこえ、正常な楽しい人生が送れるように毎日神に祈り、自らも悲しい気持ちが起きるたびにその前生の恋情をこえるように祈り、それに執われないように仕事に励み、今は芸術品を売る一つの店の責任者として元気に働いている。

その娘とその母親は、私が霊視をした前生の事柄が真実かどうかを三、四年かけて、諏訪市へ行って調べ、とうとう市の図書館で諏訪藩の古文書を見つけ、その中に、前生の父親の名前と、その前生の父親のお墓のある正願寺という寺の名前を見出した。その寺を訪ねてみると、そこに前生の父親が祀った加藤清正公のお堂も残っていることがわかった。正願寺というお寺もあり、阿弥陀如来が祀られていることもわかった。それぞれを尋ねて歩き、それぞれの住職ともお会いし、私が霊視をした通りのことがみつかり、さらに史実を確かめることができた（拙著『カルマと再生』を参照して下さい）。

以上の再生の例から、人間はただ両親から生まれた身体だけのもの、死んだらお終いの肉体的存在で終始するものでないこと、肉体がなくなっても、魂と魂の身体（霊体）として存続し、前生の想念に執われていると、死後も魂がその想念に執われ、霊体も不安定な鬱の状態になる。

もし、阿弥陀仏への信仰がなく、死後狂気のような状態になっていれば、なかなか再生はできなかったと思われるが、母親と共に阿弥陀仏を信仰し、恋情から逃れられるように前生でも死後も努力し信仰したお陰と、信仰の厚い母親とのよい親娘のカルマで、母親が再生したのに関連して、グループのカルマでまた四百五十年後に再生できた。そして十年以上の神への祈りによって前生のカルマをこえ、正常な人間となり、さらに一店のマネージャーとして働ける有能な人間に成長できた。

霊界からこの世へ来て霊的成長し、この世から霊界に帰る

上の再生の例からも分かるように、人間は両親から肉体をもらって出てきて、肉体の死で一切が終わるのでなく、霊界からこの世に来てその前生からのカルマの果を解き、霊的成長をして霊界に帰る。

人間は、各人によって違うが、四百～二百年の周期でこの世とあの世の間を行き来しているのが普通である。

人間はどこから来てどこへ行くのか、の問題は、差し当たりの何千年の間は霊界と現界の往復ということに落ち着きそうである。

何のためにあの世とこの世を往復するかというと、霊界で想念や感情に執われた

状態にいると、なかなか、その落ち込んだ自己の枠から抜け出られない。この世は、その落ち込みから、物や人の心の刺戟によって執われから離れやすい。そして自分の今の状態をこえて反省できる。

たとえばコンピュータを組み立てることに夢中になって時を忘れる、あるいは、或る感情、或る想念に落ちて心の内でぐるぐる回りをしていても、誰かに用事を言いつけられる、あるいは腹が減ると、その夢中の状態あるいは執われの状態から離れて、今までの自分の状態を反省できる。

この世は、物や身体、他人の心のお陰で、或る状態に落ちていることから離れやすい。そして精神的成長や霊的成長がしやすい。神はその被造物である人間に、霊界からこの世に帰って精神的、霊的成長の機会を与えて下さっているのだと思う。もし霊界で愛、智慧、自由、創造性に目覚めた魂は、この世におけるよりはるかに早く霊的成長ができ、神との一致、悟りの世界に達することができるが、それができる魂は稀少であって、一般の人間や魂は、何千年、何万年の間はあの世とこの世の往復を繰り返すのである。

霊的成長が人間の目的であるように思えるが、さらに霊的成長ができたらどこへ行くのかという問題はこの章の目的ではないので、後に譲りたい。

次に、人間の幸せとは何かについて考えてみたい。

二　人間の幸せとは何だろう

人間は霊界とこの世を何千年、何万年の間往復を繰り返しているとして、いったい何が人間にとって幸せなのだろうと問われると思うが、それについて考えてみたい。

幸せの種類

人間は、自分の欲するものが得られたり、成就すると満足し、幸せを感じる。

人間は、すでにみたように、身体、心、魂をもっている。したがって身体のもつ感覚、本能や欲望が充足され満足すると、一種の幸せを感じる。

腹一杯食べて感謝し、幸せを感じる

食欲について言えば、私たち戦前、戦中、戦後を通して生きてきた者には、戦争中とその前後は腹一杯麦飯を食べたことがなく、いつもひもじい思いで十年近くを過ごした。ヤミ市やお百姓からもらった米や野菜で腹一杯食べられた時、なんとも言えず満足を覚えた。幸せであった。師範学校（現在の東京学芸大学、地方の教育大学の前身）の寮で、土・日曜になると、田舎の村会議員や村の有力者の子弟が多かった師範学校の寮生の半分以上が帰省をして家に帰り、腹一杯食べるのが習わしであった。私の家は百姓ではないので、また、帰省しても義母との間がギクシャクしてあまり帰りたくなかったので、帰らない時が多かった。そのような時、寮生活の土・日は私にとっては大変に嬉しい時であった。夕ご飯の合図のラッパが景気よくタッタカタッタ、タッタカタッタ、ターカターカ、タッタッタと鳴ると、大慌てで食堂に走って行ったものである。一つの食卓に十二人分の寮生の食事が出る。一人一人は腹一杯食べられない量であるが、それでも、十二人分出て二人か三人で食べるとなると、腹一杯どころか腹二杯ぐらい食べられる。

食べた後は下も俯けないほど、しばらくはじーっと部屋で寝ていなくては苦しいほど食べた。腹一杯食べられるということがどんなに満足で幸せなことか、感謝すべきことかを、戦中、その前後を通して体験した。今は老いも若きも子どもも皆が皆おいしいものをあれこれと選び、食べ残して平気な世の中になった。五十年ぐらいの間に変われば変わるものである。腹一杯食べて当たり前で、満足したかもしれないが、幸せや感謝の気持ちはみられないように思う。

これでいいのだろうか。

地球人口があと五十年もしないうちに百億になり、食べるものが足りなくなった時、どうするのだろうか。戦中のように配給制になって、いつも腹八分ならいいが、腹六分しか食べられなくなると、今の人は栄養不良ですぐ病気になったり死んだりするのではないかと心配である。

食べすぎは肥満、糖尿病、脂肪過多で、血管に脂肪が貯まって梗塞を起こすことになるが、現代は大人だけでなく子どもにもその症候がみられる。

自分の食欲につかまらないで、腹八分を食べ、食物とそれを作ってくれた百姓の人たちに感謝して、満足し、幸せを感じることができたら、どんなに人間としてすばらしいことかと思うのである。

現代は、自然や食物を人間の生活の糧、道具として使ってよろしい、人間（心）と自然は別のものであるというキリスト教、イスラム、ユダヤ教の考えと、その考えの下で発達し心を忘れてしまった科学の猛烈な発達の影響を受け、西洋文明を取り入れた日本やアジア諸国でも、自然を道具として見、食物は食べたらいいものという考えが横行し、自然と人間との根源的同質性を忘れてしまっている。その結果が、使い捨ての道具、食べるだけ食べて余りを捨てるという、自然をただの物として扱う風習が出来上がってしまった。その結果、自然環境を破壊し、空気を汚染し、食物ももう間もなく足りなくなる時期が迫っていても、それを自覚せず、アフリカの諸国や途上国で年間餓死をする人が何千万人もいても、自分のことでないから、見て見ぬ振りをしている風潮が先進国にはみえる。

元来、自然、食物も全て人間とその本質において同じ絶対者から出てきたものであることを自覚できると、自然を愛し、いたわり、それと共存することを願い、食物を、自らを犠牲にして人間を養ってくれる有難い神の恵みとして感謝して食べることができると思うのである。

人間は思い上がってはいけない。人間は、自然があり、食物があり、水があり、空気があって、人びとがいて、やっと生きていけるのである。腹一杯食べられて真に満足したならば、自分の身体、存在を養い、保ってくれる自然や食物や、それを作る人びとに感謝の気持ちが自然に湧いてくると思うのである。私は家で、あるいはレストランで美味しいものを腹一杯食べられた時は、ああ、有難いことだと自然に感謝の気持ちが湧き、幸せだと思う。これは自然の感情であると思う。

次に、人間の身体と関わる本能的欲望の内で、強力なものは性欲である。正しい性的交渉で大いなる満足と幸せを感じるわけであるが、これは単に身体に止まらないで、感情、心、さらには霊体のエネルギー、シャクティ、クンダリニーの上昇、活性化、エクスタシー、魂の融合というふうに、身・心・霊の三つの次元にまたがるものであるから、別に一章を設けて詳しく考えてみたいので、ここでは省略する。

音、音楽で満足と幸せを感じる

五十年ほど前、今は宮中の雅楽部門の長であり、神武天皇以来の雅楽の名門である多氏から笙を習った。その音を最初に聴いた時、オルガンやピアノのように人間が音の振動数を定めてオクターブ毎に繰り返す、いわば人工的要素の加わったものでなく、自然の音であり、その音色は天国から降りてきた音のように思えて、なんとも言えず幸せな満足感を覚えた。

西洋の楽器の奏でる音、特に和音は、人間の気持ちを安らかにしてストレスを解消するのに役立つ。いい音楽を聴くと、西洋のであれ東洋のであれ、感動と高揚と深い満足を覚える。これも幸せの一種であろう。

私はときどき、霊体のエネルギーセンターであるチャクラの発する音、ミツバチのブーンというのに似た音、笛の音、遠いこだまのような声を聴くことがあるが、それは人間の奏でるこの世の音とは全く違って、安らぎと霊的な力と大きな感動を覚え、一種のエクスタシーの状態になる。これは「霊的音」による幸せの状態とも言えよう。

色や絵、光による満足と幸せ

きれいな色を見ると、人によっては赤色を好み、あるいは青、黒、紫というようように人によって好みが違うが、自分の好みの色を見るとなんとなく落ち着くものである。これも、人を幸せにする一つの要因であろう。

宝石のもつきらめく輝きは、やはり人に満足を与える。私は宝石の光を見るのが好きである。ダイヤモンドのきらめく光、エメラルドの深い緑の光。カリフォルニアに住んでいるとよく海岸へ散歩に行く。冬の空気が乾いて雲のあまりない日の夕方、太平洋のなだらかな丸みを帯びた水平線に真っ赤な夕陽が刻々と沈んでいく時、辺りは死んだように静かになり、周りの人びとも沈みゆく夕陽のおごそかな儀式に我を忘れて見入っている。いつも思うのだが、朝陽、夕陽は人びとを惹きつける力が強大である。その夕陽が凸になり、水平線に沈みこむ一瞬前にエメラルドの光がパーッと輝く。言うに言われない感動を覚える。生きていてよかったと思うのである。これも幸せの一つである。色、光は、人間を幸せにする一つの要因であると思う。

香りも幸せの一要因

私は香水のいい匂いを嗅ぐと心が落ち着く。何年か前、パリでエネルギー医学について国際学会があり、会長のドクター・ベルコの招きで、一週間ほどパリの国際会議（三千人余り集まった）で議長、講演者として忙しかったので、後で南フランスのニースに休養に行った。その時、香水をつくる会社を見学したが、香水を作るには膨大な量の種々の花からエキスを取ってやっとできるのを見て、大変だな！と思ったが、種々な花はそれぞれ独自な香りを私たちに届けて、安らぎ、満足、幸せを与えてくれる。アメリカには、そういう香りをつくり出すドライフラワーのセットをたくさん売っているので、ドライフラワーや香水のスプレーを買って香りを家中にほのかに匂わすのも楽しい。知らず知らずの内に楽しい気持ちをつくってくれる。これも幸せの一つであろう。

以上の、食欲、色、光、音、香り等によって得られる満足や幸せは、それを食べたり、見たり聴いたり、匂いを嗅いだりした時に得られるもので、それがすむと消えていくものである。有限な満足、幸せとでも言うべきものであろう。

これに対して、長く幸せとして残り、その人の心や魂の成長に役立つ幸せがあるように思う。それを次に述べてみよう。

仕事が成就した時の幸せ

私は現在、或る臓器が機能異常であることを、神経系を通じて脳の自律神経の中枢に知らせる信号の外に、経絡の中を流れ、或る臓器を活性化させる経絡の中を走って、脊柱管の中心管を通り、経絡の中枢であると思われる脳幹や視床あるいは辺縁系と脳室に送られている信号、あるいは、経絡の始点や終点である手足の井穴に電磁波の信号が送られているであろう信号を、新しい差動増幅器、フーリエ変換のための複素数指数関数を含む微積分の式のソフトを改良し、電極を改良して測定しようと、一生懸命に予備実験を繰り返している。もし信号がみつかったら、満足と幸せを感じると思う。

何千年かの間、経絡や気のエネルギーがあることを臨床的には鍼灸師は知っていたが、解剖学的にどこに経絡があるのか、気エネルギーはどんなものかが科学的には明らかでなかった。それを、経絡は真皮結合織を含めて生体の結合織の中にあり、気エネルギーは、結合織中のゲル状の水の内でN^{+}、K^{+}等の正電荷、アミノ酸、ムコ多糖の負電荷より構成された、バッテリーによる電位差によって流れる電磁気エネルギーが気エネルギーの一つの形であることを発見した時は、十年以上の実験の苦労が報いられ、これで経絡医学も科学的観点から医学に入り、人びとの健康維持に貢献できると思った。その時、満足と幸せを感じた。この満足と幸せは今も続き、私の科学的研究の支えになっている。

これらの研究に生き甲斐を感じており、それが成就された時の喜び、幸福感は、おいしいものを腹一杯食べた時、楽しい音を聴き、香りを嗅ぎ、好ましい光をみた時の感覚的満足や身体的欲望が満たされた、一時的な満足や幸せとは違った、いつまでも続く心の喜びである。

人は自ら生き甲斐と感じた仕事を長年の精一杯の努力を重ねてやり遂げた時、深い持続的心の満足と幸せを感じる。人はだれでも自分で生き甲斐を感じるものに熱中し、努力し、し遂げた時は深い心の満足と幸せを感じる。と同時に、どっしりとした自信を培うことができると思うのである。ぜひそうしてもらいたいと思う。

愛される喜びと幸せ

私は子どもの時から愛の薄い家庭で育ち、十歳〜二十歳までは継母の元で育ち、愛の感じられない家庭で育ち、何時の間にか、人間は信用できない、頼りになるのは自分だけだと強く思うようになった。

　子どもの時から孤独な生活をし、そのように孤独な性質になったように思う。ただ、勉強が好きで、小学校から師範学校、大学が終わるまで一心に勉強したので、全て優秀な成績で通すことができた。一心に勉学に打ち込んだのが、私を、人生を悪に走らせないでまともな生活に保ったと思われるが、愛されることを知らない孤独な性質になった。

　小学校三年の時、父親の里の伯父の家へ引き取られた。小豆島から船に乗って高松に着き、高松から電車で一時間、電車を降りて、田舎道を四キロメートルほどの所にある伯父の家（大きな百姓家）に着いた。部落会長もして立派な伯父であり、祖父も真面目によく働く誠実な人のようであった。私は家を離れて、山に近い田舎の小学校に通うことになったが、学校への行き帰りに悪童共が四～五人待ち伏せしていて、「やあい、新米」とはやし立て、一度は小さな「いで（用水）」の中へ突き落とされた。

毎日だから、自衛をせざるをえない。小さな短刀を持って、ガキどもが集まって「やあい、新米」と言うと、短刀を振りかざして突っ込んでいった。ガキどもはクモの子を散らすように四方に逃げていった。「ざまあみやがれ」とせいせいとした気持ちになった。そして得意になった。これがどうもよろしくなかった。短刀を持って「やるか！」という姿勢をとると、上級生もへなへなとなった。そのうち、村の悪童の内の最も悪いやつが二人、子分になった。二人の子分を連れて、どうも悪いこと、子供を泣かし、部落中の子供も中供、大供どももやっつけて喜んだようである。

近所の親から苦情が出て、伯父も困り、長い間してなかった麦藁の真田（さなだ）を組まされることになった。麦藁を三十センチほどの長さに切り、それを四片の細長い片にして、それを三つか四つか組み合わせてひも状にして、長さが三メートルぐらいになると、商人が来て四～五銭で買い取り、それを町の工場に持っていって、麦藁のかんかん帽子にするのだそうだ。そんな真田組みのようなややこしいことは苦手で、皆近所の女の子や叔母さんに頼んで、ガキ大将を楽しんでいた。そんなろくでもないガキになったせいか、伯父や祖父が次第にこき使うようになった。

昔の田舎では、堆肥を作るのに、広い農家の庭に麦藁を大きな刃のついた道具で細かく切り、それと豚や牛の糞を混ぜて一メートル六十センチぐらいに積み上げる。高さ一・六メートル、巾二メートル、長さ五メートルぐらいの堆肥の山が出来る。それを作るのに、私をその積み上げていく山の上に置いて足で踏ますのである。それも一日中裸でするわけだから、顔も身体も足も手も、豚と牛の糞でぬったりこである。臭くて臭くて吐き気がする、目が廻るのだが、下へ降ろしてくれない。母のことを思い、涙が出てきて止まらなかった。なんでこんなひどい目に遭うのだろうと、悔しい思いと辛い悲しい思いで一杯であった。夕方になってやっと下へ降りて顔や身体中の糞を井戸水で洗ったが、足や手の指の間に入った糞はなかなか落ちなくて、何日も寝ても覚めても臭いにおいで閉口した。

そんなことや似たようなことが多くて、私は次第に人間、大人、とくに女の人を信用しなくなった。次第に孤独な人間になっていった。そんな私にも勉学に励むことが唯一の楽しみであり、全クラスで一番になり、郡長さんの褒美を貰った時は本当に嬉しかった。

二十歳になって、東京の母から、神様の御神言で、『このまま博を父と継母の家に置いておくと、命にかかわることが起きる。東京へ引き取って勉学させよ』ということで、母が東京から帰ってきた。私も東京で大学に入り勉強したいと思っていた。海軍予備学生から復員していつも心に悩んでいたことは、戦前、戦中、天皇陛下のため、日本の国のために真実、命を投げ出して国のために尽くした。あの真心や忠君愛国の思想はいったい何だったのだろうか。戦後の混乱の世の中、共産主義や社会主義が台頭して、教員も共産党員が増えた。あの戦時中の神国思想は跡形もなく消え、忠君愛国は何の効力もない、それを否定することばかりが強調される世の中になった。

いったい人間の生きる道はどこにあるのだろうか、宇宙の普遍的真理とは何だろうか、神様とはいったい何だろうかと思い悩んでいた。よし、真理を知るには哲学の勉強をしよう！　と思っていた矢先であったので、御神言を信じ、母の許に帰って、東京で哲学の勉強をしたいと思った。

或る日、海軍から持って帰った行李の中に海軍の時の士官服その他を詰め込んで、父宛に「東京の母の所に行く。勉強したい。長い間ありがとうございました」と置手紙を書いて、家を出た。父が悲しむであろうと思うが、継母とはとても一緒にやっていけない状態だったので、仕方がないと諦めつつ、涙を流しつつ、行李を担いで家を出たが、なんとも辛い思いであった。家も、私が十九歳の時、父から二千円貰って、私が大工、左官、屋根屋、井戸掘りを全て頼んで、初めて父のために建てた一軒家（十五坪ほど）であったから、家を後にすることはとても悲しかった。

東京に来て母二人と生活するようになって、父の家でいた時とは違う温かいものをいつも感じていたが、それが養母の私への母親として、また人間としての愛であることに次第に気づいてきた。養母は何も愛とかなんとか言わないが、私が心の中でひとりで思っていること、したいと思っていること、悩んでいることを察すると、それが自然に実現できるように導いてくれた。母は外の信者たちにもそうであったように思うが、子どもとしての私に、長い間実母を取り上げてすまなかったという気持ちもこめて、私の苦しみや孤独をよく理解して、私のその時その時の心の内容、感情の動きを知って、それを満足さし、さらにそれを乗り越えて成長できるように、魂で引っ張っていってくれたように思う。

どんなことを話しても、共感をして、私の心と同じ心になってよく理解し、どうしたらいいかを教えてくれた。そして、決してそれの代償を求めなかった。ただ私の心の悩みを取り去り、成長してくれることを喜んでくれた。そして私を心から信頼してくれていた。

私は、ああ、これが本当の愛なのだな!! と、何時の間にか納得し、私自身が孤独な性格をこえて、人を信頼し、愛することができるようになったと思う。養母の愛を知った時、人間は何の報いも求めないで、或る人を信頼し、成り立つように、成長するようにと行為をするだけでいいのだな！　これが真の愛だと、心から理解できた。

私は養母の愛を知ってから、孤独な人間でなく、人びとを信頼し、共感し、愛することができるようになったと思う。

愛される喜びと幸せを養母から戴いたと感謝している。この喜びと幸せはいつまでも私の中に残り、私を生かし支え、さらに私が人びとを信頼し、愛することができるようになった。

人を愛する喜びと幸せ

真に人を愛することが達成されるのは、身体、心、魂の次元で一つになることができた場合である。それには、お互いに相手が何を望み、何をしようとしているか、どんな気持ちや感情の状態にいるかを理解し、洞察することが肝心である。さらに、どんな人生観や性格をもっているかを知ることも重要である。

一言で言えば、その人の全てを自分なりに理解し、その人の身体が健康になることを願い、助け、心がその欲することを成就し満足できるように助け、魂の面では、その人が自分だけのことを利己的に考えたり行動するのでなく、自分の行動を通して人や社会の役に立てるように自らを律し行動できるように助言し、一緒に行動することが大切である。

相手が人間として成り立ち、成長できるように常に思い、行動することができれば、次第にその人のことをあらゆる面で洞察し助ける、あるいは協働することができる。これが愛である。したがって、愛を達成することは簡単に成就することではなく、長い年月を要するように思う。

そして、或る人を愛することによって利己的自分をなくして超え、心の面でも魂の面でも、多くの人びとを助ける愛の行為ができるところへ成長できるように思う。

そして愛される人の私への助言も素直に聞き、理解できる。さらに深い信頼が培われ、二つの存在が一つに融和するようになる。すると、相手が何かを急に心の中で思うと、それが同時に自分に伝わって、「こういうことをしようと思うが、どうかね？」と尋ねると、「今自分がそれを思っていたところです」というふうに、言葉を超えて、身体を超えて、魂の次元で心の内容、働きが互いに通じ合うようになる。己をなくして相手の成り立つことを願い、そのように働くことが愛である。その時、自分の相手への愛の働きの果を求めてはならない。

今から五十三、四年前、私の妻と玉光神社の境内で初めて会った。当時私は大学の二年生（哲学専攻）、彼女は女学校に入ったばかりの十二歳であったように思う。「境内の雑草を刈るための鎌が切れなくなったので、研いでほしい」と、恥ずかしそうに鎌を持ってきた。その顔を見た時、ああ、これは大和の昔の妻の生まれ変わりだと思い、懐かしい気がした。もちろんその少女には何も言わないで、鎌を研いで、後ろを振り向くと、そこにはいない。暫く待ったが、境内の向こう側へ行ったのか、姿が見えないので、鎌を草むらの上に置いて、自分の仕事を始めた。
その後、母親に連れられてお宮のお祭りには来ていたようである。
二、三年経って、お宮に来た或る時、「東京教育大の付属高校に入学できました」と、俯き加減に、だが、嬉しそうに話しかけてきた。「よかったね」と祝福したが、なんとなくその顔と心根が印象に残った。大学も「教育大に入れるといいね」と言ったように思うが、三年ほど経って、東京教育大の国文科に入学できたことを喜んで報告にみえた。その頃から、前生の妻であり、お寺も建て、私の教えを守って一生を終わったのだから、今生でも私の妻になるだろうが、早くそういう気持ちになるといいがと思っていた。
大学四年になった時、「卒論を見てほしい」と言うので――当時私は大学に研究生として残り、ドイツのマールブルク大学からドイツ語で書いた論文が受理され、ドイツの学会誌にも載り、ようやく自分の学問、新しい学問（超心理学の対象を、電気生理学、物理学の手法を使って人間の魂の存在を科学的に明らかにしようとする学問。それに関連した論文は後にユネスコで優良図書にも選ばれた）を創る目処が立った頃で、一心に医学、物理学の勉強をしていた――、彼女の卒論を見て、よくできているけど、少しまわりくどいので、適切に無駄を省いて書き直すように助言した。

その頃かその前に彼女がお宮に来た時、「インドへ行ってヨーガの勉強をしたいと思っている」と言った時、後で聞いた話だが、私への思いが一気に吹き出て、「先生がいなくなったら大変だ！」と狼狽し、自分がこんなに先生のことを思っているとは知らなかった、と結婚後話してくれたが、私は、昔の妻が私のところに帰ってくるように思って十年ほど待ったわけである。

昔、互いに真に愛し合った間であるから、今生でも互いに相手のことを心から理解し、相手が心身共に健康で魂の成長ができるようにと念じて、私のできる限りのことは、物の面でも心の面でも魂の面でも、してきたように思う。妻も大学院によい成績で入り、大学の教授たちにも本の執筆の協力を依頼されていたようであった。

しかし、結婚すると大学院を中退し、子育てと家事に十年間を費やした頃、私の講演の原稿や学術論文を読んで、今まで習ったことのない生理学、心理学、物理学等の勉強をして、私の原稿を纏めて多くの本（約五十冊）を完成してくれた。自分が自らの文学的才能で何かを書き、自分なりの仕事をしたかったようであるが、それらを擲って、私の考えを自分の考えとして、私の本の出版に身を捧げてくれた。己をなくして相手になり、相手を成り立たせるという、愛の見本のように思われる。私の彼女への愛が、彼女の中に私への信頼と理解を伴って真の愛に昇華したように思われる。

魂の次元で融和したから、私の思うことはすぐ妻の心に浮かぶ。人びとはEメールで互いに心を伝え合うが、私たちの間ではコンピュータも携帯電話も要らない。いわゆるテレパシーで通じ合う。これが真の愛の成就であろうと思う。

いつも喜びと幸せである。それには相手を信じ、何年も待つことも大事である。己をなくして、相手が成り立つように尽くす。相手に対する自分の愛に基づく行為の果を求めないで、ただ相手のためにすることが、真の愛のためには大切である。

人びとを助ける喜びと幸せ

私がヨーガの行を始めたのは二十四、五歳のころであったと思う。三浦関造という人が、ヨーガの呼吸法を教えているというので、習いに行った。ナディショーダン・プラナヤーマ（ナディ〈経絡〉の浄化呼吸法）に止息を加えたもので、僅か五〜十分間で終わり、簡単な呼吸法であった。それを毎日、朝行ない、次々と英文、独文に翻訳されたヨーガの本、クンダリニーヨーガ、パタンジャリのヨーガズートラ、瞑想法の本を読み、独修し、解らないところは神様に伺い、毎日プラナヤーマと瞑想法を種々と工夫し改良しつつ半年も続けた頃、クンダリニーが目覚め（これについての詳細は本山博著『密教ヨーガ』を参照して下さい）空中に坐ったままで浮く経験をしてから、身体が非常に強壮になり、今まで午前中五時間も勉強すると、昼からは何もできないほど疲れていたのが、朝も昼も夜も夢中で勉強や仕事ができるようになった。身体的に健康になったばかりでなく、精神的にも健康になり、物事に熱中できるが、それに執われない、物事や自分の心の執われから自由になってきた。すると、心の内に物事の本質が次第に明らかに洞察できるようになり、その洞察した通りに、物事や研究、実験がスムーズにいい結果が得られるようになった。

プラナヤーマ、アーサナ、ムドラ等の身体的訓練によって人体の根源的エネルギーであるクンダリニーが目覚め働くようになり、感覚の制御、精神集中、瞑想、三昧の精神的訓練で小さな考え、想い、感情に執われていた自分を打ち破り、大きな自分、真我に目覚めてくると知的能力がよく働き、直観力が目覚め、人の心や物事の本質を見極め、心が自由となり、同時に人や物を成り立たせる愛に目覚めてきたように思う。

僅か半年や一年でこんなに心身共に健康になり、さらに霊的に目覚めて、仕事も勉学も今までの何倍もできるようになった。それから今日まで五十年余りプラナヤーマ、瞑想を毎日続けているが、このヨーガ行を人びとに教え、人びとと健康や幸福を分かち合うようにするのが自分の義務である、ぜひ、こんなすばらしいヨーガ行を人びとに教えてあげたいと、心の底から強く思うようになった。

年々その思いが強くなり、三十歳の時、玉光神社の拝殿、本殿が完成し、ヨーガをする場所ができたので、まず玉光神社の信者の人びとに教えてあげようと、七星会を始めた。初めはせいぜい三十人ぐらいであった。大部分は五十〜六十歳以上の方、二十〜三十代は十人程度であった。

始めて三カ月余り経って、身体がシャキッとして疲れなくなった、頭がよく動いて若い時のように働けるようになった等、心身共に健康になった報告が相次いだ。その後数年の間に、一部の人びとには、超感覚的知覚（ＥＳＰ）のような超常能力が目覚めてきた。ちょうど、アメリカのデューク大学の超心理学研究所に研究員として招かれて、超心理学の研究を行なって帰ってきた頃であったので、七星会の四十〜五十名のメンバーにＥＳＰテストをしてみると、確かに数人（約八名ぐらい）

の人はＥＳＰ能力のあることを示した。

　ヨーガの訓練は心身の健康を得るだけでなく霊的に成長できることが、私だけでなく、七星会の人びと、それも中年、初老の人びとによって証明された。七星会の老人組の人は健康となり、大部分の人が九十歳余りまで元気で長生きをし、二、三の人、とくに信者総代であった小森さんは非常に真面目な信仰の厚い人であった（小森さんは京大を出て、鉄道省〈今のＪＲ〉に入り、新幹線ができる時、電車をコンピュータで制御するコンピュータ信号システムを日本で初めて作った人である。新幹線に乗る人びとは、小森さんの作った信号システムのお陰で安全な運転を享受できているのである）。小森さんは九十五歳ぐらいで二十四、五年前に亡くなられたが、死ぬ前の日まで元気で仕事や散歩をされ、「明日、何時頃死にます」と自らの死期を悟り、翌日朝風呂に入り、神前で神様を拝み、従容として死なれた。

　次の総代の中村太一さん（自営の会社社長）も、病院で自分が死ぬ時をはっきりと霊視して、悠然としてこの世を去った。普通、人間は死ぬと、死後数日経たないと死んだことが解らない。身体から霊体が完全に抜け出るには三日くらいかかり、その疲れで数日間ぐったりしているのが普通であるが、中村さんは死後一時間もしない時、すでに霊として元気な姿を玉光神社で見せて下さった。

ささやかな会であったが、七星会の人びとがヨーガをしてそれぞれに心身健康となり、心に心配ごとを貯めることなく伸び伸びと生活をし、さらに信仰を深めて元気で長生きされたことを目の当たりに見たことは、私にとっては大きな喜びであり、心から大きな幸せを感じた。

人びとを導き、それぞれを幸せにでき、死後の魂の存続と霊界での生活における信仰、修行の重大さを知って戴き、従容として死んでゆかれた七星会の人びとを見る時、私は人びとを導く師としての有難さ、幸せを深く心に感じるのである。

この七星会の経験を元にして国際宗教・超心理学会（ＩＡＲＰ）を創り、魂の存在、働き、魂と心身との関係を科学的に明らかにする新しい学問の樹立に邁進し、且つ、ヨーガ行による心身の変化を電気生理学、経絡の実験によって確かめ、心身相関のメカニズムを明らかにする学問を創ろうと今日まで努力している。他方では、ヨーガ行ができる静かな、地磁気の強い、人里から離れた場所に道場を作りたいと思って、半年ほど湘南のあちこちを探して、現在の小田原市に属する根府川に土地を購入（約三千坪余）、ヨーガ道場を建てたのが今から三十四年前である。三十二年前から十年間、毎月、ヨーガの身体的訓練、精神的道徳的訓練、霊的訓練について実修と講習を行なった。次第に講習を受ける人が増え、会員も千五百人ほどに増えた。その中には、種々の新興宗教の教祖、幹部の人びともみえ、これらの人びとをとおしても私の教えたヨーガ行が日本中に拡がった。そして人びとも心身の健康を得、霊的成長を得たように思う。これも、教える者としては大きな喜びであり、幸せである。人びとの心と身体に種を蒔いたら、それがそれぞれの個人の努力で立派に実るのを見ることは楽しい喜びである。ただ、ヨーガの瞑想の段階で、自分の利己性、傲慢さを捨てきれず、魔境に入り、社会に害毒を流した人もあって、悲しい思いもある。

瞑想の段階では憑依現象が生じやすく、利己心の強い人は魔につかまりやすい。それを、自己流のヨーガに陥らないで、それをどう克服するかを真面目に習得してもらいたいと願っている。

幸せと至福の頂上に登るには、途中で種々の妨げに遭うものである。

魂の進歩による満足と法悦

すでに「人間はどこから来て、どこへ行くのか」の章でみたように、人間は身・心・霊の三つの存在次元をもつ一全体的存在である。私たちは意識するとしないに拘わらず、三つの存在次元で生きている。現実の脳との関連で動いている心でさえも意識と無意識に分かれ、無意識の深層は催眠術にでもかけないと意識に上ってこない。0歳～一歳の幼時の体験は無意識の深い層に埋まっていて、人格交替、後催眠健忘という深催眠にかけると出てくるが、催眠から覚醒に移ると意識化されないで、無意識の中で働き、私たちの行為を規制する場合が多い。

一時テレビで、知覚され意識化されない瞬間に或る画像を数回見せると、意識しないけれども、無意識がそれをキャッチして行動をコントロールするようになる瞬間の画像暗示で、人間の或る商品購買欲を起こさせるコマーシャルが流行し、使われたことがあった。

したがって、前生に由来する無意識の内容は、元来、物理的時空を超えて魂の中に貯えられているものであるから、物である脳との関わりにおいて物理的時空に制約されて働く意識には現れてこない。

瞑想とか断食とかの、現在の自己の存在を否定する訓練を重ねて、遂に、物理的時空の必然的法則に従っている次元、つまり身体とそれと関連して働く心の次元を超えると、魂の次元に達することができる。

その時、自己の魂は神霊あるいは神と一致して、一種のエクスタシー、法悦に入る。その時、大きな神の愛、神の智慧、創造力を得られる。この法悦はその人に一生続き、その人の存在をより大きくし、常に神の力に満たされ、人びとや自然を救い助ける、愛の力と智慧を得る。

神の力を感得した体験、神との一致の体験のごく初期のことを話してみたい。

私は子どもの時から、二人の母親（生母と養母〈霊母〉）に連れられて瀧行をよく行なった。山のお堂に籠って何時間も般若心経や大祓の祝詞を誦げた。よく幽霊をみた。小豆島のお宮を建てる時（三十二歳の頃）、或る池の端に行くと、二～三歳の女の子を抱いてずぶ濡れになった着物を着た、悲しそうな若い母親、顔が面長で蒼くやつれた顔と細い姿の母親の姿をみた。一瞬びっくりしてものが言えないが、「どうぞその苦しみから離れられますように」と祈って、じっと見ていると、フッとかき消すように消えた。

後で村の人に聞くと、北山の部落の或る家のお嫁さんが、姑が強く、主人がかばってくれなくてあまり辛いので、その池に女の子を抱いて入水して死んだ。今も小さな母娘の姿を刻んだ墓があるはずと言うので、池の土手の周りを探すと、草むらの中にひっそりたたずんでいる母娘のお墓を見た。

話は前後するが、師範学校の本科二年の時（二十歳）、海軍の予備学生生徒の試験を受けたら、大学や高等専門学校（今の新制大学）の学生が多く受けて、十二人に一人の倍率だが、合格した。その三カ月前に中耳炎の三回目の根治手術を受けて、まだ耳から汁や血が出ていて完治してない状態だった。医者は、横須賀の海軍の兵学校の分校へ入る前にもう一度身体検査があるから、多分帰されるでしょうと言ってくれたが、そうはならないで、入学することになり、毎日朝六時から夜十時まで、学科、訓練、昼休みは棒倒しと、大変な厳しい日々であった。まだ完治していない身体であったので、人一倍身体が辛かった。

或る日、棒倒しの時、守りの方であったが、攻めてきた数十人が守りの私たちの三段になった人垣の上に突進してきて駆け上がってきた。肩、頭の上をまるで丸太を踏みつけるように走り、踏んづけた。私の耳を踏んづけた時、まだ十分にくっついてない耳たぶが耳の付け根から破れてひどい出血がした。目がくらんで動けないが、腕を互いに組んでいる隊列から離れられない。三、四分して終わったが、医務局へ行ってすぐコカインで麻酔し手当てをしてもらった。ひどい一日であったが、元々、特攻隊になるための士官養成の学校であるから、言うなれば、死んでも構わないということである。

そんな学校（久里浜にあった）も、横須賀軍港に近いために、毎日のようにアメリカの空爆を受けるので、とうとう学校そのものが、山をくり抜いて作った長さ四キロメートル近くある迷路のような壕の中で暮らすことになった。

或る日、可愛がっていた義理の弟（継母の子ども）が亡くなったという知らせを受け、激しい肉体労働であるトンネル掘削の仕事が終わった後くたくたであったが、暗い水のぽとぽとと落ちる壕の中で、弟のために神様に一心にお祈りして、弟が苦しみから逃れ神様の許へ引き取って戴けますよう、我を忘れて夜中の一時頃まで祈った。

その時、皆が寝静まった暗い壕の中で、周りが突然白いまばゆいばかりの光で満たされ、神様が私の中に物凄い力をもって流入してこられた。大海の水がどーっと押しよせて入ってきたようで、意識が半ばなくなったが、凄い力と光に包まれているのを見、大洋のように大きい神様が私の中に入って、私もどんどん大きくなっていくように感じた。『安堵せよ。聞き届けてとらす』というふうに御神言を戴いたように、夢うつつのような中で感得した。

これが神様と一致の体験の最初である。その後、えもいわれぬ光と力に包まれ、法悦、至福の状態が続き、一睡もしなくても、一食も食べなくても、心も身体も魂も神の御力に満たされ、何をしても幸せであり、何もかも全力を尽くしてできるようになった。常に神様の内に包まれ、神様と一緒にいることが感得され、一週間ほどどこの状態が昼も夜も続いた。そして次第に普通の状態に戻ったが、その時の法悦、神の内にある、神の愛に満たされている感じは今も続いている。時空を超えた永遠の神の御力が今も私の内で働いている。

仕事が成就した後の満足、研究が成功した後の喜びと幸せ等は人間の次元の幸せ、満足であるが、神との一致で得られる法悦は神の次元のもの、人間を超えたものであり、人間の幸せと比較することはできない。

どうして、弟のことをお祈りしただけなのに神の流入を戴いたのだろうかと、今になって考えてみると、国のために、身命を擲って国や国の皆さんを守ろうという、純粋な国を思う気持ちが、すでに小さな個人のために生きることを捨て、それを超えていた。二十歳の若者は本当に純粋で、国のために死ぬことを少しも恐れず、死を超えていた。そして、ちょうどその五年の後ヨーガ行を始め、断食を一週間、十日とした時のように、身体が疲労の極にあった。

心は、小さな自己を捨て、純粋な心になっていた。身体は過酷な訓練と労働とで疲労の極に達していた。この小さな自己存在の否定が心身共にその極に達すると、神様の力が流入し、その人間をより高い神霊的次元に止揚してくださるのが、愛、智慧、創造力に満ちた神様の働きの一つである。

弟のお祈りをした時はちょうど、この条件を満たす状態にあったと思うのである。

皆さんも、瞑想、断食等によってこの人間がなしうる自己否定の極に達しうると、必ず、神様が皆さんの魂の中へ流入し、神の世界へ引き上げてくださることは間違いない。

種々と幸せについて考えてみたが、どんな幸せも、それを得るための努力なしには得られないということである。

親が仕送りをしてくれている学生は、毎食の食事をして満足できるのは、親が送ってくれたお金があるからできるが、自分で働くようになれば、働くこと、努力することで食事代も得られ、食事をし、満足と喜びを得る。まして、一つの仕事を達成して得る心の喜びと幸せ、さらには断食をし、瞑想をし、自己否定をして魂の高みに上り法悦を得る幸せ等は、大いなる努力なしには得られない。努力をして目標を達成してこそ、真の喜びと幸せを得る。

もし、努力なしに自分の欲するものや事が他の人の援助によって得られて、つかの間の喜びを得ることに慣れると、自らをコントロールすることのできない、努力することのできない、自堕落な人間になるように思う。

自ら定めた目標を達成するために一生懸命努力し、それを苦労して達成した時、人間は本当に満足と喜びと幸せを感じることができると思う。

自らをコントロールし、努力をすることのできる人は信頼のできる人であり、他の人と共感をもち、他の人を助け、愛することができるようになると思う。

次に、健康について考えてみたい。

健康であることも一つの大きな幸せである。

三　身体の健康とは何か
どうやったら健康になれるか

仕事で疲れて、ときどき伊豆の方へ休みに行くが、疲れていても、身体のどこにも痛みや異常がなく、温泉に入った後ボーッとしていると、心に何も悩みごとがなく健康であることは幸せだな、健康であって休むことができるのはなんと幸せだろうと思うのである。

身体に異常がなく、心に悩みごとのない、安定した状態が心身の健康の印であると思うのだが、身体に異常がない、心に悩みごと、不安がないということはいったい何だろうか。

身体は、皆さんもご存知のように、約六十兆個もの細胞から成り立っている。一つ一つの細胞は細胞膜で他の細胞と仕切られ区別されていて、自らの生存のために、細胞の外側にある結合織の中に動脈血管から運ばれてきた養分、水分、酵素、ホルモン、ミネラル、イオン等から、自分に必要な成分を、細胞膜の表面についている機能蛋白と種々のイオンチャンネルを通して、自分と同種で必要なものかどうかを認識し区別して取り入れ、不要なものはそれらのチャンネル、機能蛋白を通して結合織の中に排出する。結合織の中の毛細血管の静脈はそれらを吸収して腎臓や肝臓に送り、最終的には尿や便として体外排出される。

これらの身体全体の働きを統合しているのは、自律神経系とホルモン系と経絡系である。神経、ホルモン系は結合織の中へ養分その他を送り込むまではコントロールできるが、結合織（経絡が結合織の中にあることが、私たちの研究で明らかになった）の中へ送り込んだ後は、神経の支配を受けずに、結合織とその内を走っている経絡と細胞膜の間で養分や老廃物のやり取りをして、細胞は自らの生命を維持している。養分や老廃物を代謝するのに、一つ一つの細胞がミトコンドリアというエネルギー生成器をもっていて、そのエネルギー（ＡＴＰ→ＡＤＰ）を使って、一つ一つの細胞は養分や老廃物を入れ替える。取り入れた養分、水分、イオン、ミネラル、アミノ酸から、核の中にあるＤＮＡの写しであるＲＮＡは、その長い分子によってリボソームを数珠繋ぎにし、その指令に従ってリボソームはアミノ酸を順次繋ぎ合わせる。そして出来上がったアミノ酸鎖がその人の細胞に独自の蛋白質となる。この蛋白質が生命維持には必須のものである。細胞膜においても細胞内においても蛋白質は重要な役割を演じ、一つの細胞が成り立っている。

生命単位としての細胞がそれぞれに分化して肝臓、心臓、腎臓、筋肉、神経、組織を作り、その各臓器、組織の間を結合織がくっつけ、細胞と細胞をくっつけ、頭蓋骨、四肢の骨、脊椎骨等の支持組織に支えられて、人間の身体は成り立っている。

したがって、身体が健康であるということの基本は、各臓器、組織を作っている細胞の一つ一つが正常であり、それらの集団がその与えられた仕事をきちんと遂行していることと、結合織、支持組織が健全で十分に機能しているということである。

どの臓器、組織の細胞が上記の正常な機能を維持できない、変成している、たとえば炎症がある、細胞膜が壊れている、細胞として形、機能を保てない、壊死をしている、このような細胞の壊死が増えると、その臓器で病気が始まる。正常な細胞は或る臓器でその数がたとえば三百億個となると、自然に増殖が止まるようになっている。どうしてそのようになっているかは、医学的にはまだ解らない。ところが癌細胞になるとその増殖を無限に拡げて、他の臓器、組織の中でも増殖し、何れでも他の細胞と協調せずに自分だけの増殖を行なう。その結果、肺は肺の機能をせず、肝臓は肝臓の機能を失う。そこで身体全体の有機的統合が失われ、死に至る。

細胞も、自分勝手な癌細胞のようになると、自らも死に、他も殺すことになる。

したがって、身体の健康は、生きている身体の生命単位である細胞の次元からみると、一つ一つの細胞が正常な機能をもち、他の細胞と協調して、或る臓器、組織の働き、たとえば消化器系の胃ならば、胃を構成する細胞は食物の殺菌、消化という消化の第一段階の仕事をする。次に、小腸の細胞は、胃から粥状の食物を受け取って、肝臓、膵臓からの消化酵素を得て、蠕動して食物を消化吸収するというふうに、それぞれの臓器を構成している細胞が正常で、機能しており、身体全体が神経系や経絡系で有機的に統一されている時、身体は健康である。

その身体が健康でありうるのは、基本的には一つ一つの細胞が正常に機能しているからであるが、一つ一つの細胞は一つの生命体として、細胞膜を通して血管によって結合織まで運ばれた養分等を、自分に必要なものと必要でないものを認識し区別して摂取し、老廃物を排出して生きている。

したがって、細胞構成に必須な物質、水分、蛋白質、炭水化物、脂肪、ナトリウム、カリウム、リン、カルシウム、クロライド、酵素等を、食物を食べる、呼吸する等によって補わないと細胞は生きられない。また、細胞の老廃物を尿、便によって排泄しないと、細胞は生きられない。

そのためには、上記の細胞の必要とする成分を満遍なくバランスよく摂ることが食養の基本である。偏食はよくない。この頃、日本人の食べ物は肉類、油類が増えて、緑黄色野菜が少ない。カルシウムや亜鉛等の摂取が少ないと言われている。肉類や油類の食物が多く、毎日の運動量が少ないと、肉に含まれる脂肪、油の中の脂質が過剰になり、細胞膜に限って説明すると、細胞膜はリン、脂質、コレステロールを構成成分として必要とするが、必要以上な脂質は摂取できない。余分な脂肪は臓器や皮下脂肪として貯まり、血管壁に貯まり、血管の梗塞を生ぜしめる。脳で生じれば脳梗塞、心臓で起きれば心筋梗塞となって、命取りになる。

もし、毎日約四キロメートル歩くと、脂肪や糖分、蛋白質が分解されて生じたアセチル補酵素Aが、筋肉運動のために筋細胞のミトコンドリアの中でエネルギーに変えられ、消費される。ヨーガの体操、軽い筋肉トレーニングを行なうと、筋肉細胞が増えて、それだけ筋肉中の脂肪や糖分がエネルギーに変えられ、消費され、血管内の脂肪過剰、血糖値が下がり、脳梗塞や心筋梗塞を防ぎ、糖尿病を防ぐことができる。

身体を健康に保つには、適切な、バランスのとれた食事をし、過食をしないことが大切であり、運動をすることが大切であることを説明したが、ヨーガの体操、気功、筋肉トレーニング等の体操が結合織と細胞をより健康にできることを説明してみよう。

結合織と細胞をより強くするヨーガの体操、経絡体操、筋肉トレーニング、脊柱矯正、仙骨・股関節体操について

身体が形成されるには、初め卵子が受精して細胞分裂が始まるが、それが中胚葉、内胚葉、外胚葉の三つの細胞集団に分かれ、それぞれがさらにそれぞれの臓器、組織に分化し、各臓器、組織を作り出す。そして約六十兆個に増加する。多くの臓器、組織はそのままではばらばらであるから、それらを互いに適切な場所に置き、結びつける結合織、たとえば腹膜、胸膜、脳の硬膜、軟膜、脳細胞を結びつける結合組

織、細胞と細胞を結びつけるフィラメント等身体中くまなく結合組織があって、細胞から臓器に至るまで全てが柔軟に、しかもがっちりと結びつけられ、弾力的に固定されている。

しかし人間のような脊柱動物は、大きくは頭蓋骨と脊柱、仙骨、足の骨、手の骨で身体が保持されている。特に人間の身体にとって大切なのは、頭蓋骨と脊柱、仙骨である。この中に重要な脳神経系、脊髄神経が格納されている。これらの骨が少しでも曲がったり歪んだりすると、脊柱や仙骨の椎間孔から出ている神経が圧迫されて緊張し、その神経に支配されている臓器や組織に機能異常、遂には病気が生じる。したがって、脊柱、仙骨を正常な位置に保つことが病気にならない大切な条件である。

脊柱や仙骨を、地球の重力に沿って地表に、地球の中心に向かって垂直に保つと、身体の全成分は重心が安定し、身体の左右前後のバランスがとれて、身体の各臓器、組織はバランスがとれた状態で正常に働く。血流がバランスよく、滞りなく身体全体を流れる。細胞、臓器、組織の全てを結びつけている結合織の中のゲル状の水溶物も順調に流れる。このゲル状の水溶物の中を経絡が走り、気エネルギー、根元的生体エネルギーが流れているが、この気エネルギーもバランスよく流れて、どこかで停滞することはない。

この身体の重心を地球中心に向けて重力の方向に従わせ、安定さすことができるのは、脊柱、仙骨が傾いていない限り可能である。

ところが、約一万年前から、農耕民であったアジア人は左脚が長く、狩猟民族であった西欧人は右脚が長く、理由はよく解らないが、アジア人では胸椎十二番、腰椎一番の間、腰椎四〜五番に位置異常が多く、胃腸が悪い人、老齢と共に坐骨神経痛に悩む人が多い。西洋人は胸椎の四〜五番に異常が多く、心臓病で苦しむ人が多い（これらは長年にわたり、日本、アメリカ、イギリスの研究所や大学で、アジア人、西欧人を経絡―臓器機能測定器〈ＡＭＩ〉で測定し、集めてくれたＡＭＩデータに基づくもので、多くの学会で発表されている）。

アジア人の多くは左の股関節に異常が多く、左脚が右脚より長い。西欧人は右股関節に異常があり、右脚が長い場合が多い。何れかの股関節が異常で何れかの脚が長いと、仙骨と脊柱と全身は二つの脚と股関節で支えられているから、左脚が長いと右に傾き、右脚が長いと左に傾き、仙骨、脊柱の何れかの部分に左あるいは右に傾いたベクトルによる力がかかり、そこに位置異常と緊張が生じる。そこから出る神経とそれに支配される臓器、組織に長年機能異常が生じ、遂には病気が発生する。さらに、その位置異常と、緊張の生じた椎骨の真上と二、三センチ離れた両側には、その椎骨から出た神経に支配される臓器に気エネルギーを送る臓器と同名の経絡の兪穴（気を臓器に注ぐ経穴）が存在し、そこの筋肉や靭帯に緊張が生じると、気エネルギー、体液に停滞が生じ、経絡の面からもその臓器の機能異常が生じやすくなる。

これらの機能異常、疾病の生じるのを防ぐためには、まず、股関節の矯正体操、仙骨・脊柱の矯正体操（後述）が重要である。生まれつきの椎骨、仙骨の位置異常を是正し、それに基づく体質改善も可能である。

次に、重心安定体操（後述）を行なって生体の各臓器、組織の左右前後の傾きの是正をして、各臓器、組織を正常な位置に戻し、血流、体液流を正常に戻すと、身体は自ら安定し、健康になる。

次に、股関節矯正体操、仙骨・脊柱矯正体操、重心安定体操等につき概略してみよう（詳しくはＩＡＲＰの講師について正しく習ってください。ＩＡＲＰ・東京都三鷹市井の頭四―十一―七　☎〇四二二―四八―三五三五）。

脊柱を伸ばし、脊柱の両側を走る膀胱経を伸ばし、その後上体を前屈する体操

まず最初に、図1のように、手を組んで上に上げ踵も上げて、脊柱を伸ばす。次に上半身を前、下に曲げる。これを無理なく二、三回繰り返す。この体操は脊柱とその中にある脊髄神経を刺戟する。そして脊柱の両側にあって、身体の各臓器、組織に気エネルギーを送る膀胱経を刺戟して、その働きを活性化する。

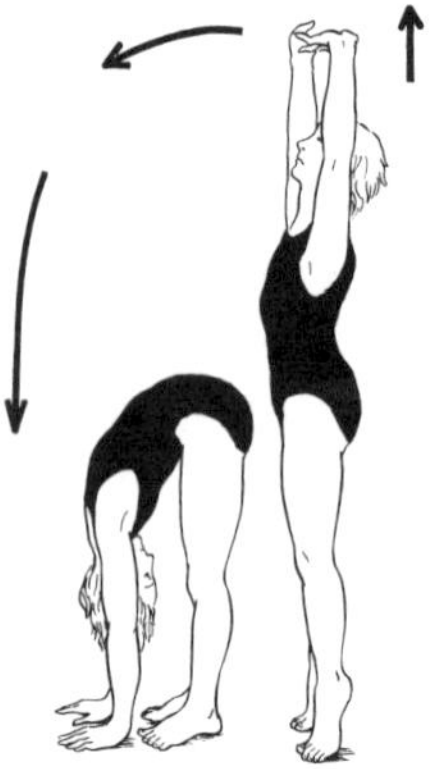

(1)手を組んで上に上げ、踵も上げて、脊柱を伸ばす
(2)上半身を前→下に曲げる。
(3)ゆっくり起き上がる
(4)(1)〜(3)を無理なく2〜3回繰り返す

図1：脊柱伸ばし→前屈

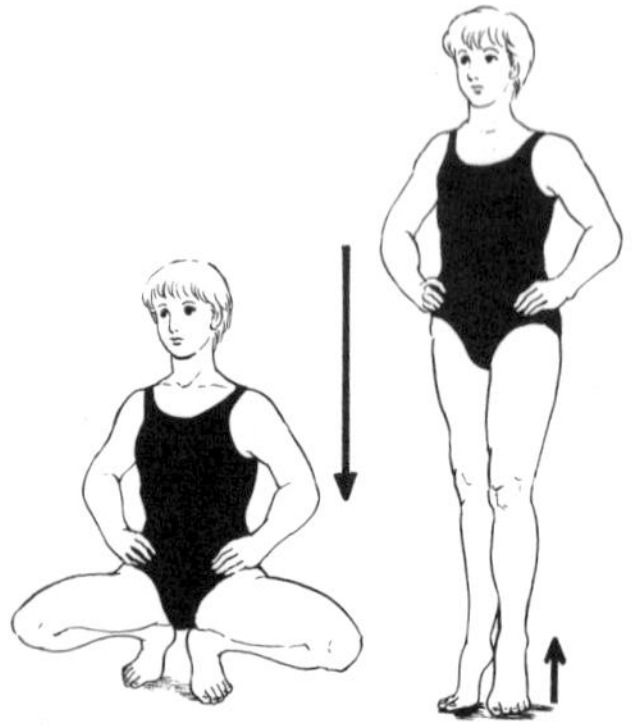

(1)両手を腰につけて踵を上げる
(2)ゆっくりしゃがみ、ゆっくり戻る
(3)(1)〜(2)を、無理なく10〜15回程度繰り返す

図2：股関節体操（しゃがむ体操）

股関節体操（しゃがむ体操）

・図2のように、両手を腰につけて踵を上げる。次に、ゆっくりしゃがむ。無理なく十〜十五回程度繰り返す。[1] これは股関節を矯正、強化する体操。

ブルワーカー(2)を使った体操

・図3は、ブルワーカーによる足腰の運動。仙腸関節（仙骨と腸骨の関節）、股関節、仙骨、仙腸関節（仙骨と腰椎5との間の関節〈椎間板〉）、足の筋肉の矯正、強化に有効。両側の仙腸関節に平均に力がかかるようにすることが大切。無理ない程度（数回）繰り返す。

・図4の運動は腹筋強化（してもよいが、しなくてもよい）。

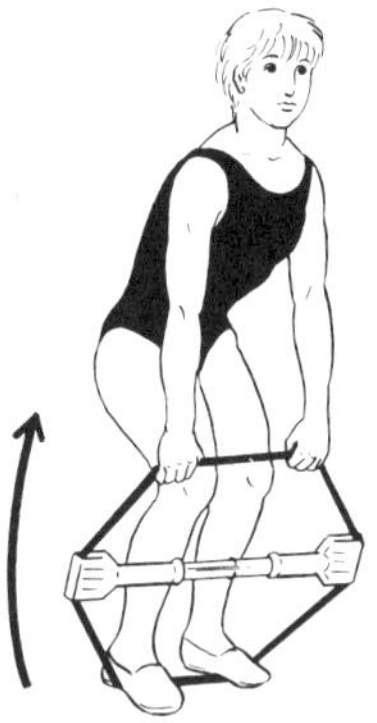

(1)両足を肩幅位に開いて、ブルワーカーの一方の2本のロープを両足で踏み、反対側の2本のロープを両手で握る（両手の間隔は肩幅位）

(2)両腿が床と平行になる位まで曲げ(膝の悪い人は無理をしない)、息を吸い込む

(3)息を吐きながら、足に力を入れて、体を持ち上げる(腕は真直ぐのまま)

(4)(1)〜(3)を無理ない程度（数回）繰り返す

図3：ブルワーカーを使った体操（足腰）

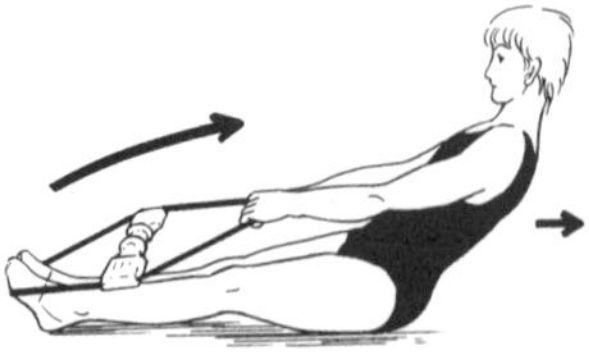

(1)床に足をのばして坐り、両足をブルワーカー本体と片側（2本）のロープの間に入れる
(2)反対側の2本のロープを、両手で握り、息を吸い込む
(3)腕を伸ばした状態で、息を吐きながら、上体を後に反らしてロープを引く（脊柱を反らし過ぎないで、真直ぐ保つことが大切）
(4)(1)～(3)を無理ない程度(数回)繰り返す

図6：ブルワーカーを使った体操(脊柱)

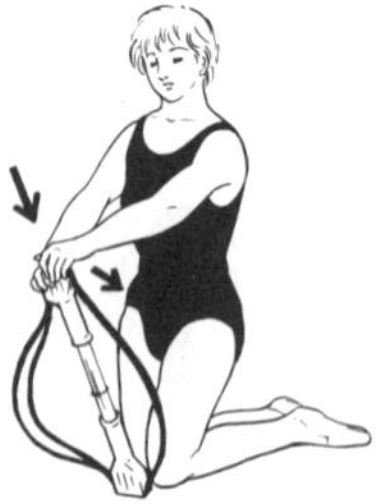

(1)床にひざまずき、ブルワーカーの一方のハンドルをつけた膝の間につける
(2)他方のハンドルを両手で握り、腕を伸ばし、息を吸い込む
(3)息を吐きながら、腕・背中は真直ぐのまま、腹に力が入るようにブルワーカーを押しつける
(4)(1)～(3)を無理ない程度(数回)繰り返す

図4：ブルワーカーを使った体操(腹筋)

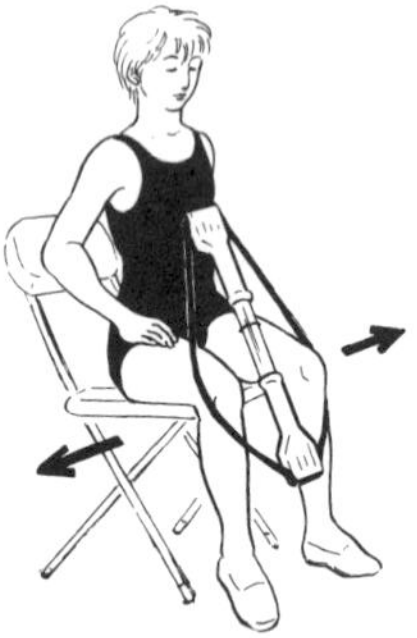

(1)椅子に坐り、足を直角に曲げる
(2)ブルワーカー本体と2本のロープの間に、膝を入れ（ブルワーカーが動かないように、膝と膝の間をやや広め)、息を吸い込む
(3)腹を引っ込め、息を吐きながら、膝でロープを広げる
(4)(1)～(3)を無理ない程度(数回)繰り返す

図7：ブルワーカーを使った体操(足の筋肉)

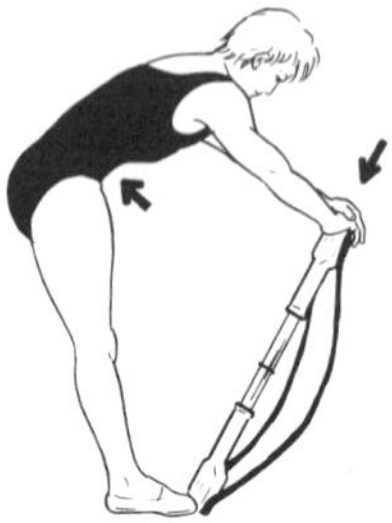

(1)踵を揃えて立ち、ブルワーカーの一方のハンドルをつま先につける
(2)他方のハンドルを両手で握り、上体を前方に傾け、息を吸い込む
(3)腹を引っ込め、息を吐きながら、足・腕・背中は真直ぐのまま、腹に力が入るようにブルワーカーを押しつける
(4)(1)～(3)を無理ない程度(数回)繰り返す

図5：ブルワーカーを使った体操(腹筋)

・図5の運動も、腹筋を強くするのに有効。
・図6の運動は、脊柱の椎骨を結んでいる靭帯、筋肉を強化するのに有効。初心者は三～五回が適当。脊柱をそらし過ぎないで、真直ぐに保つことが大切（してもよいが、しなくてもよい）。
・図7は、足の筋肉を強化する。
・図8は、腕、大胸筋の下部を強化する（してもよいが、しなくてもよい）。
最後に図3の運動を数回行なうと、全身のバランスがとれる。

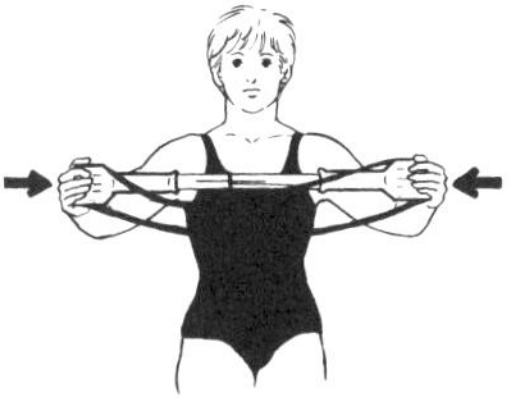

⑴足を肩幅位に広げて立つ
⑵両ハンドルを握り、ブルワーカーを胸のあたりで水平に持ち、息を吸い込む
⑶息を吐きながら、両ハンドルを押し付ける
⑷⑴～⑶を無理ない程度（数回）繰り返す

図8：ブルワーカーを使った体操（腕・大胸筋）

ブルワーカー体操で関節を結合、維持している靭帯や筋肉、手足の筋肉に重みや負荷をかけ、筋細胞、靭帯細胞が増強される。しかし、それによって各関節、椎骨間に歪みが生じる場合があるので、次のダンベル体操、重心安定体操で歪みを是正することが重要である。

ダンベルによる腕、肩、胸、背中の筋肉の矯正、強化

・図9は、二〜三キログラムのダンベル[3]を両手に持ち、肘を曲げて、肩の高さまで上げ、腕を下に伸ばす。十回程度。腕と肩、腹筋の強化。

・図10は、ダンベルを肩の両側に上げて保ち、次にそれを上に真直ぐ上げる。十回程度。これは肩、脊柱とその両側の筋肉を強化、矯正するのに効果がある。

・図11は、一〜二キログラムのダンベル[4]を両手に持ち、ゆっくり左右に開き、肩まで上げる。この体操は胸椎4〜胸椎5[5]を前に押す力が加わり、この二つの胸椎が後

(1) ダンベルを持ち、両手を同時に、曲げ、伸ばす
(2) 無理なく、10回程度繰り返す

図9：ダンベル体操（腕・肩）

(1) ダンベルを持ち、両手を同時に、上に上げ、戻す
(2) 無理なく、10回程度繰り返す

図10：ダンベル体操（肩・脊柱）

ろに出ている場合の矯正に有効である。

・図12の体操は、上述の二つの胸椎が前に出て、後ろから見ると引っ込んでいる人の胸椎を矯正するのに有効。両手にダンベルを持って、両手を伸ばしたままゆっくり前上方、肩の高さに上げる。胸椎4～5が後ろに引っ張られて引っ込んでいるのを是正する。

胸椎の4～5から出た自律神経は心臓、気管支、胃の上部に分布し、これらをコントロールしているので、これらの臓器に機能異常のある人はこの体操が有効である。

私は胸椎の4～5の歪みで長年胃病に悩んだが、今はすっかり良くなった。

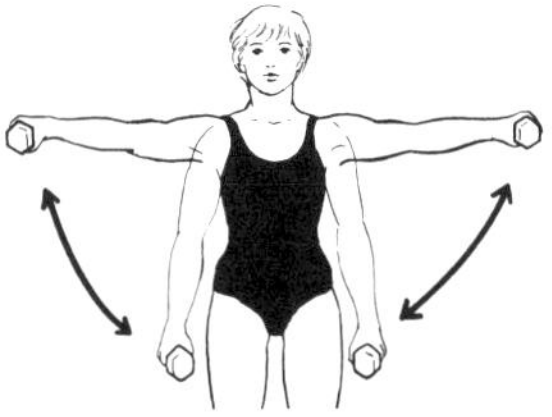

(1)ダンベルを持ち、両手を伸ばしたまま、ゆっくり横に広げ、ゆっくり戻すと、胸椎4～5を前に押す力が加わる
(2)無理なく（数回）繰り返す

図11：ダンベル体操（脊柱）

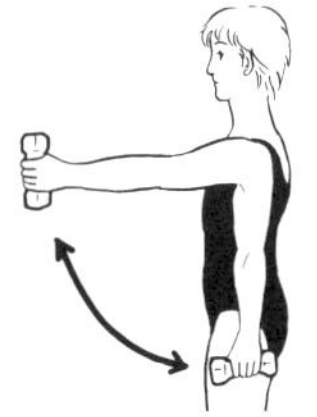

(1)ダンベルを持ち、両手を伸ばしたまま、ゆっくり前に上げ、ゆっくり戻すと、胸椎4～5を後に押す力が加わる
(2)無理なく（数回）繰り返す

図12：ダンベル体操（脊柱）

重心安定体操

ブルワーカーで股関節、仙骨、仙腸関節、仙腰関節を強化する体操をしたが、時折、関節の何れかに力がかかり過ぎて歪みができる場合がある。重心安定体操は、その歪みを是正し、全身の重心を安定させ、全身の前後・左右のバランスをとり、血流、気エネルギーの流れを均衡にする体操である。

・図13は、一足を前に出し、その足に体重をかける。そして少し上体を戻して、頭

(1)片方の足を前に出し、その足に体重をかける
(2)少し上体を中心に戻して、頭頂と会陰を結ぶ線が垂直に床に落ちるようにして、身体の重心を地球の中心に向け、10～20秒静かに保つ
(3)(1)～(2)を3回程度繰り返し、反対の足を前に出して同じ運動をする

図13：重心安定体操（前）

(1)片方の足を後に引いて、その足に体重をかける
(2)少し上体を中心に戻して、頭頂と会陰を結ぶ線が垂直に床に落ちるようにして、10～20秒静かに保つ
(3)(1)～(2)を3回程度繰り返し、反対の足を後に引いて同じ運動をする

図14：重心安定体操（後）

(1)両足を左右に肩幅位に開き、腰を少し落として、両股関節に上から力をかける
(2)これを、右に開いて3回、左に開いて3回程度おこなう

図15：重心安定体操（左右）

頂と会陰を結ぶ線が垂直に床に落ちるようにして身体の重心を地球の中心に向け、身体を十～二十秒静かに保つ。これは前に出している足の股関節を後斜上方に押して股関節を矯正する。三回程度繰り返し、反対の足を前に出して同じ体操をする。

・図14は、一方の足を後ろに引いてそれに体重をかけ、上体を少し前に戻して、頭頂と会陰を結んだ線が垂直に床に落ちるようにして、重心を均衡に保つ。十～二十秒間。この場合は、後ろに引いた足の股関節を前斜上方に押して股関節の矯正をする。三回程度繰り返し、反対の足を後に引いて同じ運動をする。

・図15は、両足を左右に肩幅ぐらい開き、腰を少し落として両股関節に上から力をかける。これを右へ開いて三回、左へ開いて三回ずつ行なう。

以上の重心安定体操は、ブルワーカーで股関節を矯正したのを調節するためと、全身の左右・前後の傾きを真直ぐにして、身体全体の均衡、血流、体液の流れを均衡にするためのものである。

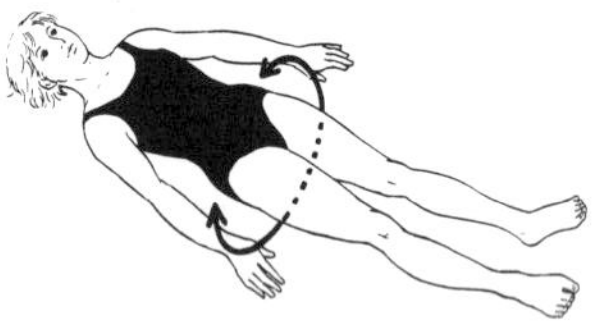

仰向けに寝て、臀部を左に3回程度、
右に3回程度、ゆっくり回す

**図16：仙骨・股関節矯正体操
（臀部を回す）**

片方ずつ足を真直ぐに上げ、両足を
外回し内回しに、3回ずつ程度回す

**図17：仙骨・股関節矯正体操
（足を上げて回す）**

仙骨、仙腸関節、股関節の調整と診断体操

・図16は、図の如く仰向けに寝て、臀部を左に三回、右に三回、ゆっくり回す。その時、尻を浮かさないで床につけておく。もし左右何れかの仙腸関節、股関節がずれている時は、そちらから回すのが回しにくい。そしてギクギク音がする。その時は、回しやすい方を五回、回しにくい方を三回ぐらいすると是正される。

・図17は、両足を、一度に両足でなく、片方ずつ真直ぐに上げる。そして両足を外回し内回しに、三回程度ずつ回す。すると、何れかの仙腸関節、仙腰関節にずれがあると、その部分がギクギクと音がする。音がしなくなるまでゆっくり五～十回回すと、矯正されて音がしなくなる。

・図18は、図のように仰向けに寝て、左右の何れかの膝を立てて、足首を反対側の大腿の外側につける。反対側の手でそれを引っ張り下げ、首は反対に捻り、脊柱を曲げた足と反対側へゆっくり捻る。すると、脊柱に異常があると、そこの椎骨が矯正されてギクッと音がする。最初右足を曲げて脊柱を右側へ捻ったなら、次は左足を曲げて左側へ捻る。左右交互に二回行う。

(1)仰向けに寝て、片方の膝を立て、足首を反対側の大腿外側につける

(2)反対側の手で、立てた膝を床に向かって押し下げ、ゆっくり脊柱を捻る

(3)足をかえて、同様の運動をおこなう

図18：仙骨・股関節矯正体操（捻る）

図19：首の体操（前後）

図20：首の体操（左右）

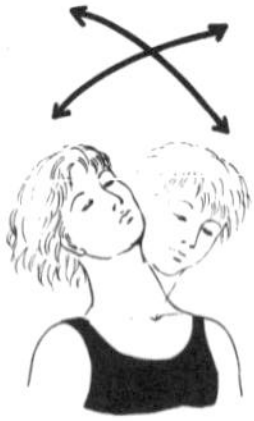

図21：首の体操（斜め）

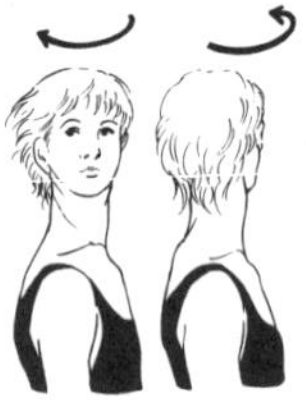

図22：首の体操（左右に捻る）

図23：首の体操（回転）

首の体操

首を図のように前後（図19）、左右（図20）、斜め（図21）に曲げ、首を左右に捻る（図22）。最後に三百六十度回転さす（図23）。これは頸椎の矯正をする。

以上で、身体を支えている股関節、仙腸関節、仙腰関節、脊柱の矯正と強化の体操のやり方の概略を述べたが、ＩＡ

RPで正しい方法を学ぶことをお勧めしたい。

（註）

（1）膝・股関節が痛む方は、無理せず、痛まない程度に、膝・股関節を途中まで曲げ、回数も少なめから始めて下さい。

（2）ブルワーカーは、一九六五年から販売されているホームトレーニング機器の一つで、本書では、筋肉増強の目的ばかりでなく、脊柱矯正の目的でも紹介されています。著者は、ブルワーカーを使った運動を組み入れることで、体操の効果が上がったので、本書で紹介しましたが、その購入を積極的にお奨めしているわけではありません。

(3) ダンベルの重さは、軽めから始め、慣れてきたら徐々に重くしていくこと。男性は、二～三キログラム、女性は、一キログラム前後から始めるとよいでしょう。

(4) 脊柱矯正を目的としてダンベル運動を行なう場合は、筋肉強化目的の運動より、重さは軽めにすると効果的です。

(5) 胸椎4～胸椎5

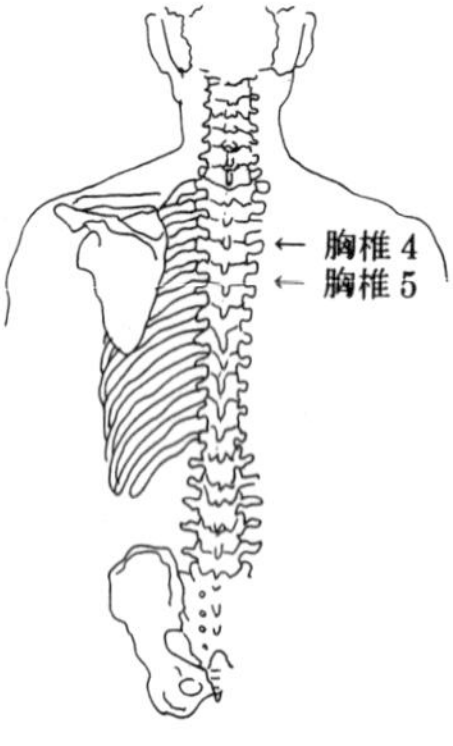

(以上、各註はＩＡＲＰヨーガ・経絡体操部門本部講師　倉谷記)

四　心の健康とは何か
それを得るにはどうしたらよいか

何十年間、お宮や研究所で種々な悩みごとをもっている人や心の不安定な人の相談を受けて、どうしてそういうことになったかを相談に来た人と共に考え、その原因を探り、時には前生に由来する原因、現世での原因、性格について種々と助言し、元気になっていくのを見ると、心からよかった！と思うのであるが、なかなか、その困った状態、たとえば鬱の状態、不安定、何かに怯える、性欲がコントロールできない、等をのりこえられない人もいる。

心が安定して十分に働くことができない、何かに集中できない人びとを見ていると、常に何か心の内、無意識の内に隠し押し込めたものがあり、それが他の人に言えずにいる場合が多い。

催眠術にみられる無意識

心には無意識と意識の二つの層がある。催眠術にかけてみると、浅い催眠では、身体が棒のようになって意思によってはそれを動かせない。目の前にジュースがないのに、「ある」と暗示されて、ジュースがあるように見える。このような運動催眠や知覚催眠の段階では、棒のようになって動かない身体を見ている自分（意識）が残っている。ジュースがあるように見えるが、ほんとかな？と疑っている自分（意識）が残っている。

ところが、人格転換のような、深い催眠に入って別人のように振舞う時、その間にかけられた暗示は、催眠から覚醒した普通の意識状態では覚えていない。しかし例えば暗示で、「手を叩くと窓を開ける」ように言われていたとすると、覚醒後に施術者が手を叩くと、無意識の内に窓を開ける。「どうして窓を開けるのか？」と聞くと、「よく分からないが、手を叩くのを聞いたら、なんとはなしに窓を開けた。たぶん室内の空気が汚れているからでしょう」とうまいことを言う。

上の例では、催眠中にかけられた暗示は意識で受け止めたのでなく、無意識で受け止め、暗示通りに動作を行なった。意識は、それについてはどうしてか、分からない。この例は、人間の心の中に無意識があることの一つの例証である。しかも意識は、「空気が汚れているからだ」と、窓を開ける動作をうまく説明してごまかしている。

人間の言うことはそのままには信じられない。自分を飾る、あるいは自分の行為を正当づけるためには、心にもない嘘を平気でつくのが人間の性のように思われる。これは、人間は自己を守る、自己保存の原理に常に動かされている故であろう。

知覚成立前の無意識的働き

この意識とは別に、人間の心の影の部分である無意識にも幾つかの層と次元があるように思われる。人間が或る物を目で見て、それが何であるかを知覚し、意識のレベルに上って認知が生じるまでには、その物の色、形、位置、動きについて多くの情報が脳の視覚野、頭頂連合野、外側頭溝等の各モジュール（機能単位）で情報の取捨選択、統合が行なわれ、最終的に外側頭溝で他の感覚、たとえばその対象物の発する音その他の感覚内容と統合されて、一つの物についての知覚が生じる。同時に、その物についての知覚内容が、側頭葉の記憶野に記憶として印象される。

上のことからは、知覚的意識が生じるまでの、脳内の並列的に生じている情報伝達、統合過程は脳内で無意識裡に生じ、意識はこれについては全く与り知らないのである。そして、知覚内容が側頭葉の記憶中枢に情報として貯えられるのも知らないのである。知覚の段階になって初めて物についての意識が生じ、それについての種々のイメージが生じ、対応した概念が生じ、その諸概念を種々と組み合わせて、その物が何かをさらに考える時、それが思考であり、この思考を通じて、その物がどうしてそこにあったか、どこからきたのか等を、人間の心に先天的に具わっている、因果法則に照らして物のメカニズムを考える能力によって考える時、物理学等の学問が生じる。

しかしそこで、因果法則に則って考えたことが正しいかどうかを、実験装置を作って確かめて、考えた通りの過程に従って、その物がそこにある、ということになれば、考えたことは正しいということになる。

その意識の働きは時間の経過の中で進行する。それに対して、意識成立以前の感覚情報の整理統合は、脳内の多くのモジュールで同時に並列して行なわれる。

脳と心の共動で物についての認知、思考、仮説が生じる過程でも、意識以前に無意識的働きがある。記憶に貯えられたものも、通常、無意識の内にある。催眠術の場合にも、意識とは別の無意識があること、物を認知する場合にも、無意識過程と意識過程のあることが理解されたと思う。

さて次に、人びとが悩んだり、不安定になったり、理由もなく怯えたりする内容は無意識とどう関係しているのだろうか、無意識のどの層に貯えられているのであろうか。

本能的欲望や感情を貯えている無意識層と性欲、性的エネルギーについて

性欲や食欲は視床下部や下垂体と関連し、感情は辺縁系と関連しているといわれている。食欲や性欲は身体の生理的条件と密接に関連して生じるものであり、生命維持に必須のものであるから、なかなかコントロールし難いものである。

離婚の原因の何十パーセントかは性的欲求の満たされないケースであるという。性的欲求のコントロールがうまく出来ず、男女間の対人関係が壊れる、不満足である場合、人間は心の不安定状態や絶えず性的妄想を持つようになる。

或る日、若い女性で、精神科の医者に「妄想型の鬱病」と診断された人が心霊相談にみえた。前に正坐して目をつむって楽にしてもらい、じーっと霊視をしていると、性交をしている場面を絶えず心のうちでイメージして、それが心の内から離れない様子である。私も少々驚きながら、「今こんなイメージがあなたの心の内に常に動いているのが見えたが、そうですか」と聞くと、「そうです。それで、それに執われて外への対応がうまく出来ず、仕事も出来ず、困っている」ということであった。前生で夫婦仲が悪く、性的な満足が得られず死んだ若い嫁の生まれ変わりであった。今生では嫁にも行けず、家でも困った挙句、心霊相談にみえた。その前生の性的不満の執われから離れられるようによくお祈りするように注意して帰ってもらった。その後半年あまりでみえなくなったので、どうなったか分からないが、こういう前生に由来する性的不満はなかなか治らないケースが多い。こういう人では、生まれつき脳幹や視床下部の性的中枢が異常に興奮しやすい体質を持って生まれてきているのであろうと思う。フロイトも、女性の神経症の大部分の人はリビドー、性的エネルギーの欲求不満で生じていると言う。

ヨーガでは、尾骶骨の馬尾神経に対応するクンダリニーのシャクティ（性力）は人間の根源的生命力であり、これを神の力、プラーナと合一さすことによって、シャクティはより高い精神的エネルギーであるオジャスに昇華される。この昇華によってのみ性的エネルギーはコントロールされ、より高い精神力として、精神的働き、直観、思考をする精神的エネルギーになるといわれる。

クンダリニーヨーガでは、プラーナとシャクティを合一させる特別の呼吸法（本山博著『密教ヨーガ』を参照して下さい）があり、確かにこの呼吸法で性欲がコントロールされ、シャクティが精神的エネルギーに変えられ、生命力が増強し、頭の働き、特に集中力が倍増し、仕事、研究が数倍もできるようになる。中国の道教の呂巌仙人は『太乙金華宗旨』の中で、このシャクティ、性力を吸気と共に脊髄中心管の中を通して頭内に上げ眉間に止め、ここで神気と一つにして呼気と共に会陰に下げる、周天法を教えている。これも、性力を神気と一つにして生命力、精神力を高める、優れた行法である（本山博譯『太乙金華宗旨』を参照して下さい）。

さらに、インドのカーマズートラ、中国の房中術等は、正しい性交の仕方、男女間に身体と心の調和と安心を生み出し養生を得るための性行為について、また、それに関する食養について詳述している。

以上のことは、性欲、性的エネルギーの正しい行使が人間にとっていかに大切であるかを、古来から多くの聖者が一般の人びとに教えていることが理解される。性的エネルギー、性欲を、身体的快楽を得るためだけに乱用する時、いかにそれが身体にとっても精神にとっても有害であり、自己の欲求をコントロールできない、自律性のない、道徳に欠けた自分勝手な人間を生み出すかは、現代の世相を見る時、頷けるのである。心を忘れた科学主義、人間の価値を金に換算する資本主義、弱肉強食の競争を原理とする市場主義によって、人びとは人間を身体のみのものと知らず知らずの内に思うようになった。これは間違いである。身体が人間の全てと理解する現代人は、身体の強い欲求をコントロールできない。身体をコントロールし、秩序ある存在としているのは、心の奥にある魂である。心や魂に目覚めずしては、性欲のコントロールは難しい。

古代から人間の性《さが》を深く洞察した聖人たちは、人間の性の最も強い欲求、性欲をいかにコントロールするか、そして、その性的エネルギーを精神化して霊的に成長する方法を丁寧に教えてくれているのである。

性的エネルギーを強化し、それを正しく活用し、さらに精神的エネルギーに昇華することがいつの時代の人間にとっても大切である。クンダリニーヨーガの呼吸法、道教の周天法はそのための優れた行法である。誰でも習得し、日常自分の家で、会社で、歩いていてもできる、安全な方法である。ただし、正しく習得することが大切である。自己流は思わぬ身体的不調、霊的エマージェンシーを招来することがある。習得したい方はＩＡＲＰで習われることをお勧めする。

次は、人間の心の感情について話してみよう。

感情について

感情は、外界の何かを見たり聞いたり、触ったり、嗅ったりした時に、それに対して反射的に心の内に生じる好き・嫌いの反応であるが、非常に個人的、自己保存的なものである。蛇を見ると、大部分の人が反射的に気持ちが悪い、それから逃避しようとする。いい音楽を聴くと気持ちが落ち着きもっと聴きたいと思う等、感情は外界の事物を認知した時、あるいは、或る人が自分に対して嫌がらせをしたり殺意を抱いているのが分かると、不快感と恐怖を覚える。これらの感情は無意識の中に長く留まって、その人の考え方や行動を長く無意識のうちに規制するものである。

たとえば或る日、中年の婦人が「病院では身体がどこも悪くないと言われるけど、気力がなく、何かに怯えているようで、主人ともうまく気持ちの疎通がいかない」と言って相談にみえた。前に坐ってもらって、安静にして目をつぶってもらい、しばらくじーっと見ていると、婦人の右背後に目玉のぎょろりとした水子が見える。

どうも今の主人との結婚以前のことで、親にも誰にも話さないで、ひたすら心の中にしまいこみ、それがバレるのを極力恐れている気持ちがひしひしと伝わってくるのである。

困ったな！と思いながら、今見たことを話すと、婦人は腰を抜かさんばかりに仰天した様子であるが、「すみません、その通りです。ずっとこの十年余り苦しんできました」と答えた。水子のことがバレるのを恐れた感情が、婦人の心身を長年蝕んできた。時々は心臓が動悸を打ち、胃の調子も悪くなったのであろうと思われる。ノイローゼにもなった。鬱の状態になったわけである。「心から、水子が救われるように、自分の罪をお許しくださるように神様にお祈りすれば、誰に話さなくても、自然に今の心身不安定の状態が治りますから」と諭して、帰ってもらった。数ヵ月の後、元気に晴れ晴れとした顔をしたその婦人に会った。水子が成仏し、ご本人も祈りによってその苦しみから解放されたものと思う。

心に秘密を持ち、恐れの感情や罪の意識にさいなまれると、誰でも心身が不安定になると思う。無意識の内に貯えられたはけぐちのない感情は、身体にも種々の心身症を生ぜしめる。感情の中枢は辺縁系、視床下部の中にあり、無意識中枢、自律神経の中枢と隣接し、それらに大きな影響を与える。或る九州の大学の心療内科の教授は、感情の種類によって影響を受ける臓器が異なることを、私どもの国際宗教・超心理学会（ＩＡＲＰ）の年次大会で話されたことがある。細かいことは忘れたが、たとえば怒りの感情を押し殺して無意識の内に貯めていると、心臓血管系が機能異常となり、心悸亢進、不整脈、血圧亢進がみられる。好き・嫌いの感情が強く、何か嫌なことを経験し、それをじーっと心の内、無意識の内に隠していると、憂鬱症になり、胃の調子が悪くなるということである。

ところで、現代の日本人に限らず、人類を見ていると、感情をコントロールし、たとえ激しい感情が生じてもそれに執われないで、それを離れてみていられる人はほとんど無いと言ってもいい。

現在の人類進化の過程における人間は、感情のコントロールは難しい。霊的次元で言えば、微細心身の世界の心では、感情、想念が強く働き、人間の最も根源的な魂である原因身心の世界の心、それは普遍的真理を求め、直観し、愛と智慧に満ちた魂（良心）であるが、その原因心の働きが弱い。現代人では微細身の魂が最も強く働いている。この微細心の感情、想念の働きをコントロールし、これを超えるのは原因心になって初めて可能である。

したがって今の人間は、いくら理性的なことを言っても、それを動かしているのは感情や想念であることを知るべきであろう。

政治家で副総理にもなられた後藤田氏が政治の世界に入ってみて驚いたことは、政治家の多くは理念や政策を作りそれを動かしている理性的な人の集団かと思ったら、その裏に強い感情があり、それによって動いているという意味のことを書かれているのを見て、そうであろうと思った。感情は現世だけのものでなく、前生からのものもあり、それは理由もなくその人に特定の感情を強烈に生ぜしめるものである。

一つの例を挙げてみよう。

或る医科大学の精神科の助教授をしている弟子の一人が、十四、五年前、自分は子どもの頃から、いつかは片目を失うという恐怖感が一年のうち何回かは突然湧いてきてどうにもならない。自分は精神科の専門医であるから、今の精神医学で考えられる限りの原因を探しても、見当がつかない。薬も自分で種々と工夫してもどうしても治らない。「いったい、何で、この、片目が見えなくなるという恐怖心が湧いてくるのでしょう」と心霊相談にみえた。

私の前に坐ってもらって目をつぶり楽にしてもらって、その人をじっとみていると、前生が、七百年余り前、高野山の或る本山の十代の大住職であることが分かった。そこで住職について調べるように言ったら、驚いたことに、その寺は彼の母親の実家であり、現住職とは従兄弟だという。このくらいのことで驚いてはならない。彼がすぐお宮から高野山のその寺に直行して、現住職から寺の古文書を出して見せてもらったところ、驚くべきことが発見された。

十代の住職は、源頼朝が亡くなり、政子との子どもも次々と殺されたり死んだりして頼朝の跡を継ぐ人がいないので、政子が急遽、頼朝の妾腹の子で、高野山のその本山の住職をしている人（彼の前生）に、還俗して将軍職を継ぐように説得しにみえた。政子の胸の内も、自分の子でない妾腹の子に将軍職を継がすことはどんなに苦しいことかと思うが、北条でなく、頼朝の子孫を将軍にしたい、源氏を絶やしたくないという強い決心で高野山に赴いて住職を説得しようとした。住職が、自分はいったん仏の教えに入り、悟りを開くことに専念しているから、世俗のことには関わりたくないと強く断ったが、政子が「どうしても！」と将軍になることを求めるので、意を決して刀で左眼を突き刺し、「片輪になった自分は将軍職には就けない」とその決心のほどを示したので、政子も仕方なく高野山を下りた、という内容のことが古文書に書かれていた。

さらに私がなるほど！と思ったのは、その本山の隣りの光台院という、代々親王が住職になる寺とがつながっており、その光台院に高野山での頼朝、頼家のお墓があることである。彼の前生も今生も頼朝と縁が深いのであろう。

その助教授は、左眼がいつか失われるという恐怖の原因が前生にあることを知り、その時の自分の片目を刀で突いた時の痛み、苦しい感情が浄化するように百日間お祈りした。その後、長年続いた、片目を失うであろう恐怖がすっかり消えてなくなったということである。

上の例からも、感情、想念は決して一代限りのものでなく、何生も個人の魂の深い無意識の中に貯えられ、現世の心身に大きな影響を及ぼすのである。

では、どうしたら感情をこえることができるであろうか、それを次に述べてみよう。

カラーナの魂になって初めて感情をコントロールできる

人間の心は、動物と違って、自分の今の心の状態から出て、それを外から見ることができる。たとえば何かに夢中になって見ている、ハッと気づいて、今何かを見ていた自分を反省して、自分がどんな気持ちで、どんな感情を持ってそれを見ていたかを反省できる。自分の一瞬前、あるいは持続していた心の状態を、それから離れて、その外に出て第三者の立場で見ることができる。そこには、対象化されて見られる自分とそれを見る自分が存在する。このような二極化は、人間以前の動物の心には無い。人間の心に進化して初めてなしうるものである。

ここに、人間の心が現在の自分を打ち破ってより高い心に無限に進化できる可能性をもっている。瞑想はそのような人間の心をより深くより広く進化させる優れた方法であり、遂には、物理的時空を超えた魂の世界や神の世界にまでも人間の心を進化せしめうるものである。

人間の根源的存在、本質である、仏教で言う阿頼耶識（蔵識）、あるいはそれとほとんど同じものである、ヨーガで言うカラーナ識（人間を人間たらしめる原因である魂）に至ると、感情や或る想念に落ちている自分を超え、それをコントロールできるようになる。その訳は、このカラーナ識は身体を創り、身体を保持するために、身体に即して、身体の中に入ってそれらを働かしつつ、しかも身体に即して働いている自分（感覚、感情、意識）を超えて、同時にそれらの自己の身体、意識、他の人の心、部分的自然を自己の内に包摂してそれらを生かし助けるものである。正しい方向に導く良心でもある。

このカラーナ識に進化し目覚めると、感情や想念をコントロールし、他人や自然との調和において働かしめる。感情ならば、他人の感情との共感という形で働き、他人を心から理解し、愛情を注ぐことができる。

人間の根源的本質であるカラーナ識を、人間は誰でも潜在的には持っている。それがあるから、一人の人間が一人の人間、個人として存在しうるのである。しかし、その人間の根源的本質にまだ目が覚めていない。進化していない。カラーナ識をカラーナ識として働かすことが出来ない人間、その人間の内でも、カラーナ識はその個人としての人間を超越しつつ、その人間の身体を形成した後もそれを保持し、維持するために働いている。身体を秩序あるものとして維持するためには、自律神経系――ホルモン系と経絡系を身体のコントロール機能として働かせ、身体各臓器のそれぞれに即してそれぞれを働かしめている。脳神経を道具として使い、外界への反応、認知能力、思考能力として働く。ここにいわゆる意識、心が生じる。

この意識、心は、先ほど話したように、動物の心のように外界からの刺戟に対してのみ認知、思考をし、感情を生ぜしめるだけのものでなく、自分の今の状態を超えて反省できるものである。自らの内に、対象化された自分とそれを見る自分がある。

しかしこの心、意識も、脳神経系という物質的道具に即して働く限り、物理的時空に制約される。たとえば車を運転している時、向こうから人や車がやってくると、それを認識し、ハンドルを切って安全に走るには、物理的次元の時空に制約されて働く脳に依存しなければならない。その限り、人や物の知覚に、脳内での情報処理のために0.2秒ぐらいかかる。それからどうするかを時間の中で働く脳に依存して判断するには、0.1～0.2秒という時間がかかる。このように、我々普通の人間の心、意識は、脳に依存してそれを道具として使う限り、物理的次元の時空に制約されてのみ働きうる。

これに対し、カラーナの魂、超意識そのものは、これらの物理的次元の時空に本来制約されないものである。感覚や脳に頼らないで直観的に物の本質を知る智慧力と、思うことが創造されるという創造力、時空をこえた愛によって働くものである。

このカラーナの超意識は身体、脳、神経系に依存せず、これらを超えたものであり、脳に依存して働く感覚、感情、想念、思考を超えて、超時空的智慧、愛、創造力として働くものであるから、脳への依存によって生じた感覚、感情、想念、思考をコントロールすることができる。これに対し、脳に依存して働く心、意識は、脳に依存して生じた感情や想念をコントロールできない。それは、それらを超時空的に超えてないからである。

なるほど、今自分が或る感情に落ちていたことを、それを超えて反省できても、それは同じ次元、物理的時空に制約される同じ次元での二極化による反省であるから、それを反省し知ることができても、それをコントロールする力は無い。超時空的超意識のみが脳への依存において生じた感情や想念、思考、さらにはその思考によって得られた理念、理論を超えて、それの真偽を直観的に判定できる。

長々と書いたが、脳に依存して働く意識、理性では感情をコントロールできないのである。

そのために人間は種々と悩み、自制が効かなくなってキレると異常な行動に走る。小中学生のいじめ、いじめによる不登校、若者による安易なそして無道な殺人、反社会的、無道徳な行為等は、感情のコントロールができず、それが鬱積して、そのエネルギーが爆発的に発露した場合が多い。

幼少から親や学校の先生が、していいこと、悪いことをはっきり教え、人や社会の安寧を破る行為を止めさせ、自制できる心を養っていれば、進化の現段階の人間には究極的には感情を完全にコントロールできなくても、或る程度の自制ができると思うのである。

では、カラーナ識を目覚まし、良心に目覚め、自己の本源に還ることを可能にする瞑想法とは何かを説明しよう。

瞑想法

人間の心は、通常、常に外に向いている。外を歩く時、心が外に向いて外の人や物や車がどう動いているかを認知して初めて歩くことができる。携帯電話のさらに進歩したものを見つけると種々試してみて、前のと比べ、いいと思ったら値段を見、今持っている金が足りなければそれを作る算段をして、二、三日して金を持って買いに行く。その間、携帯電話という対象を知覚し、性能を比べるために思考し、お金を作るために働くか、貯金を出すか、経済的な思考と行動をし、遂に店に買いに行くという、種々な心の働きも、携帯電話という外界の対象（物）がきっかけになって心がコロコロと働いたわけである。

その次は、未だ見も知らない人と出会い系電話で話し、あるいはインターネットで或る情報を得て、種々と空想、想像して仮想の世界に遊ぶこともできる。

このように、人間の心は日常生活では常に外界との接触において働いている。

その外に向いた心を内に向けて、自分の心の内を見るのが瞑想の始まりである。内を見ても、初めは真っ暗で何も見えない。そこで、目に見えない霊体の霊的エネルギーセンターであるチャクラ（光の輪）に対応する身体の或る部分、たとえば臍下丹田（臍下五、六センチの正中線上の点）に意識を集中していると、何時の間にやら、無意識の中から、過去に苦しかった感情、嬉しかった感情のうち、最も強いものが意識の表面に現れて、その当時と同じような感情の中に巻き込まれてしまう。ハッと気がついて、また丹田に集中を繰り返して二カ月、三カ月経つうちに、一秒か二秒か感情や想念が湧いてくるのが止まり、心がきれいに澄み切った状態、何も思わない、集中するのも忘れた状態が出てくる。その時、丹田の辺りがきれいなグリーンの光、きれいな真っ赤な色が輝く時がある。それが光の輪、チャクラである。

　そうすると、その後の進歩はだんだんに速くなり、身体の意識が消えて、大きな広い、明らかな、力強い意識――一種の超意識――が、瞬間ではあるが、現れるようになる。これが三分、五分、十分と続くようになるには少なくとも二、三年はかかるかもしれない。というのは、その間に、集中による意識の弱体化に応じて、無意識のうちに押し込められていた欲望、感情、想念が強いものから次々と意識野に湧き出てきて、一時はノイローゼのようになる時もある（そのような時は、私か、他の霊覚者によって助けてもらうことが必要である）。それにも負けずチャクラへの集中を続けていると、次第に無意識内容が意識化され、無意識が意識に次第により大きく深くコントロールされ、遂にカラーナの超意識へ飛躍し目覚め、今までの人間の意識、それが心の全部であると思っていた人間としての自分の意識、心が、小さな小さな心でしかない、脳にひっついて動く不自由なものであることがはっきり自覚されるようになる。

そうなったら、貴方は感情、想念をコントロールできる。小さな人間のことに執われない、自由な広い、感覚に頼らないで人間のこと、自然のことをその本質において直観し、思念によって改変し、善導することができる。カラーナの魂は自然を部分的に支配する創造力でもあり、良心そのものなのである。カラーナの魂に目覚めれば、自ら、人の道、自然の道に適った智慧、愛、創造力によって行為することができる。

人間は、全て、その本質においてカラーナの魂である。人類が誕生する時、人類はそのような素晴らしい魂を潜在的には持って、人間として誕生したのである。

今、それを実現するための道程（道のり）の半分を、四百万年かかって過ぎようとしているところである。頑張って、カラーナに目覚め、平和な、道徳をもった、知的にも愛においても充実した地球社会を実現したいものである。

次に、想念、思考の意識的働きについて考えてみよう。

想念について

人間の心の内で半ば無意識的であり、半ば意識的である想念について考え、さらに、それをコントロールして心の健康を得るにはどうしたらよいかを考えてみよう。

想念とは、現実の或る物を見て知覚ができ、それのイメージ（心像）あるいはそれについての想いができ、それについてあれこれとイメージあるいは想いを改変したり、それと関連あるイメージ、あるいは想いを次々に連想して、ちょうど映画や物語を作るように一つのシナリオを作り、それを通して現実の或る物に対して自分自身の想い（想念の鋳型）を作り出すのが、想念形成の過程である。そこでは想像力が働いている。

その想念形成の過程が現実の事実と関連していればその想念は健全と言えるが、自分の感情や欲求に引っ張られて現実離れのしたものになり、それを真実だと思い込むと、その人にとって仮想が現実となり、その人は自分の想念の世界に落ち込み、現実の世界と協調できないことになる。

たとえば、或る修行道場で、或る修行者がいるとする。彼女は瞑想行にも熱心で、次第に集中もよくできるようになった。が、瞑想中によく、人の顔を見、声を聴くようになった。これはまだ真実の霊の顔や声でない、一種の妄想である。

妄想と真実の霊を見た時の区別は、妄想の場合は、見えた顔や声がぼんやりしていて、こちらに強い力（霊力）が及んでこない。そして、現実にそういう人が生きていたかどうかを調べても、生きていた証拠が無い。

それに比べて、霊そのものが見える時は、強い霊力がひしひしと感じられ、その話すことを調べてみると、そういう人が五十年前あるいは百年前、二百年前に或る所に住んでいて、話した通りのことが現実にあったことが、入念に古老の人たちに聞いて調べてみると確かめられる。

上述の彼女の場合、一種の妄想であるから、調べてみても現実には無い。にも拘わらず、彼女は自分が見たことは真実であると信じ込み、自分が聴いた内容のことを周囲の人びとにも話し、その内容を実行するように強制する。

現実にはなかったことを現実にあったと信じ、その妄想―想念を人に強要する時、人びとは困るのである。瞑想行でまだ自分の殻が十分に破れていない、本当に霊の世界に目覚めてない人で、想念、想像力、自分の想念の視覚化作用の強い人は、ときどき、妄想の世界に落ち込むことがある。そのような時は、自分が見たことは本当にあったことなのだろうかと確かめることと、瞑想中に見たことをすぐ信じ込まないことである。

自分の想念に落ち込みやすい人は、現実のことを見て、それによって自分の想念の世界で鋳型を作ると、その鋳型から少しでも外れることを或る人がすると、もう腹が立ってしようがない。その鋳型を人に押し付けようとする。言ってみれば、融通の利かない、変化する現実に適合できない場合が多い。

自分の想念に落ち込みやすい人のもう一つの特徴は、現実にはそうではなかったことも、そうであったと思うと、それが次第に自分の中で真実になってしまうことである。ここでも現実離れを起こす原因がある。現実でない、仮想の世界で現実をコントロールしようとすると、それはできない。というのは、人間の心で匙一つ、動け!! と思っても、匙はビクとも動かない。現実の物の世界、身体は、心とは一応独立な物の原理である自己凝縮、エントロピーの増大という原理に支配されて、人間の心からは独立であるから、コントロールはできない。その、物に影響を与え秩序を与えうる心は、少なくともその内に物も人も包摂し、それらを生かし支える、一つの場所的存在になったカラーナ次元の魂に目覚めないとできない。

現代の世相を見ると、老いも若きも、幼い小学生までも、コンピュータのインターネットで容易に仮想の世界に参入できる。現実の世界、自然の世界を身を以って経験し、それを動かすには、道具と自然、物についての十分な知識と計画がないと現実の世界や自然はびくとも動かないことを経験した人にとっては、コンピュータの描き出す仮想の世界と現実との違いを見破れるが、現実の経験が少なく、現実をよく知らない人、若い人、幼い小学生がインターネットの仮想の世界に入った時、仮想の世界と現実の世界の相違をよく現実の経験者が教えて、現実と仮想の世界の関係を正しく認識させるようにすることが重要である。

そうでないと、先ほど述べたように、まだ十分に霊の世界の現実に目覚めてない修行者が、瞑想中に見た妄想を、昔の現実の世界、今の霊の世界の現実に当てはめようとすると、そこに何の対応する事実が無いにも拘わらず、昔こうであったから今こうするべきだと言い立てても、現実を壊すだけで、何も生産的なものは出てこない。

これと同じように、現実を知らないで、コンピュータの仮想のイメージ、想念の世界で大きくなった子供たちは、現実を軽い紙のように考え、命も惜しげもなく捨て、いつでも取り替えることのできるもののように考えることになると、社会に混乱が生じることが予想される。

コンピュータは実に便利なものであるが、その仮想の世界は現実とは異なることを子どもたちにしっかり教えること、そして、現実との密接な関わりにおいてのみ仮想の世界が非常に有用であることを教えることが、これからの教育者にとって重要なことである。

芸術の世界

次に、現実から材料を得て、それを色、形、音の世界で、秩序ある、そして人間の心に安らぎ、勇気、自由を与える芸術の世界について考えてみよう。

芸術の世界も一種のイメージ、想念、音等からなる想念の世界であるが、どうして人びとの心に、上述の想念の世界と違って、勇気、安らぎ、自由を与えうるのだろうか。それは一言で言えば、人びとを悩ます想念は個人的且つ利己的なものが多いが、芸術を支えているイメージや想念は普遍的なもの、魂に由来するものをもっているので、人びとに喜びと平安、勇気を与えうるのだと思う。

人間は、身体、心、魂のあらゆる存在次元で個別性と普遍性をもって、両者が調和の状態にあると安定し充実した生を営むことができる（これについての詳しい説明は、私の書いた『宗教とは何か』『人間と宗教の研究』等を読んで下さい）。

今取り上げているイメージや想念にも、個人的な面と社会的、普遍的な両面をもつ。たとえば、赤いリンゴを何人かの人に見せてそのイメージを描いてもらうと、Aさんは真っ赤で大きい力強いリンゴを描き、Bさんは少し黒ずんだ赤色の中くらいの大きさのリンゴを描くかもしれない。「赤いリンゴ」という知覚や概念は共通だけれども、そのイメージは色、形、大きさにおいて個人的である。しかし優れた画家は、赤色のもつ普遍的性質、リンゴのもつ生気、普遍的な形を一つのリンゴの絵の中に表現できるのだと思う。それはこの世で感覚されるリンゴの色、形を越えた何か、リンゴの魂のもつ色や形を捉えているのかもしれない。

或る優れた日本の画家は、或る日、心の内、魂の内に、なんとも言えない赤い色を見た。それを何十年かかけて絵の具を使ってやっと表現できた時、「もうこれで思い残すことはない」と思われたそうである。この赤の色は、感覚で捉えられる一つ一つ異なる赤の色でなく、赤い色の普遍的なものとも言うべきものであろう。しかし、それを絵の具を使って表現すると、一つの「赤い色」という個別的な表現をとる。しかし、その個別的な赤の中に普遍的なものが躍如としているからこそ、人びとがその赤い色を見て深く感動するのである。ベートーヴェンは耳が聞こえなくなってから多くの名曲を作った。心、魂に聞こえる音を楽器で表現する時、その音と曲の中に普遍的な魂の世界の音と曲が表現されていて、人びとを感動さすと思われる。

私がヨーガの瞑想を始めて半年か一年経った頃、魂の次元に目覚め、人間の身体の原型とも言うべき魂の身体、霊体の霊的エネルギーのセンターであるチャクラ（光の輪、オーラとして霊視される）が目覚め、活動を始めた時、笛の音、蜜蜂の羽の音、雷のような音、谷のこだまのような音等、種々な音が聞こえた。それは私の全身全霊に力を与える力強い音、心を洗い清めるような清々しい天国の音であった。一つの音なのであるが、生きる力、私の存在の全てを浄化する力、えもいわれぬ喜びを感じさせる音である。ちょうど、その音は雅楽の笙の音に似ているようにも思える。

魂に由来する音や色、光は、感覚する音、光、色と違って、人の心、存在の全体に力と喜びを与える何かをもっている。普遍的な何かをもっている。

或る一つの想い、母が子を思う想い、自然の中に溶け込んで自然の心と一つになった時に自然に湧き出る想いが詩となり歌となった時、それは人びとの心に喜び、安らぎ、勇気を与える。それは、それらの想念が人と自然を包む普遍性をもつもの、母と子を包み込む普遍性と愛をもったものであるから、人びとに喜びと勇気を与え、さらに人や自然を愛する心を生ぜしめるのであろうと思う。

自分の想念を単に利己的個人的なものに止めず、自他を包む、人と自然を包む、普遍的なものに昇華せしめることが大切である。そうすることによって、小さな自分（個人）の想念の世界から人をも自然をも自己の内に包み、それらと共生できる想念の世界に移り、喜びと平安に満ちた想念の世界に住むことができるようになる。

では次に、人間の心の内で最も意識的な働きである理性と、その健康について考えてみよう。

理性の二つの働きと、その健康について

先ず初めに、理性とは何か、その働きとは何かについて考えてみよう。

(1) 理性の認識能力

或る現象について、感覚によって得た種々の知覚内容を理性に先天的に具った因果法則に則って、その現象生成過程のメカニズムを推論し、物事についての認識を得る。これがさらに洗練され、普遍的真理を追求する時、理性は科学その他の学問を形成する。

理性は、今得た知覚材料を組み合せ思考して一つの概念あるいは仮説を形成した

が、これが現実の事物と一致しているかどうかを比較する働きをして、現実に対応した正しい認識をし、知識を得る。この認識する理性がもし脳活動の延長にすぎないと考えると、外界の知覚も、それを統合する思惟、思考、さらに、思惟によって得られた物についての概念が正しいかどうかを比較する働きも全て、脳活動として脳内作用に含まれてしまう。すると、初めの概念も、それを外界の事物と比較して正しいかどうかを認識する作用も全て脳内に含まれてしまうことになり、全てが一種の脳内イメージの範囲を出ず、概念の真偽を確かめることも不可能である。

正しい現実に即した知識を得るには、理性は脳活動を越えて、それの外にあるものでなければならない。それは本質的には脳や身体を形成し、脳、身体を物理的次元の制約の下で働かしつつ、物理的次元の時空を超えて存在する、自由な魂である。

ところが、魂の次元に目覚めていない人は、脳に依存し、これを道具として使う魂つまり意識のみを知って、その本質である魂を知らない。ここから、意識は脳の働きの延長であるという妄言を吐くようになる。

上述のように、認識が成立するには、認識する理性は脳を越えていなければならない。しかし魂に目覚めてない哲学者は、それが、物理的次元の時空に制約されない魂をその本質とすることを主張できない。

(2) 良心に従う理性の働き

理性は、内なる魂の良心の声に従って無意識的欲望や感情、想念をコントロールして現実の社会を成り立たせ、対人関係を円滑に導くように行為しようとする。

ところが、この良心に従う理性も、上述のように、脳や身体を道具としてそれに依存して働くものであるから、脳という物のもつ、物の原理である自己凝縮、自己保存、利己性に従い、時系列の内で働くから、強力な物の原理に支配されて動く本能的欲望や感情をコントロールすることが難しい。それに負けてしまう。タバコを吸う人は自分にも人にも害があることを承知していても止められないのはそのためである。

今の時代は、豊かな物質的生活と金を追い求めて、人びとは物質的、本能的、利己的満足を求めて右往左往している。自己保存、利己性の物の原理に負けた人間にとっては、人びとのため、社会のため、自分の霊的成長のために良心の声を聞くことがさらに難しくなっている。良心は働く余地がない。このような人びとの集まりは、アメリカでも日本でも、社会を崩壊さす方向に動いているように思える。平和な、調和のとれた、争いのない世界を築くには、良心に目覚めることが、今、人間として大切なことである。

宗教も、他を排し、自己主張する時、良心不在の宗教である。人殺しをしても平気な宗教である。これは愛を本質とする本物の宗教ではない。

良心を忘れた理性、魂を忘れた認識する理性が、良心に目覚め、魂に目覚めるには瞑想と超作を行なうとよい。

瞑想は既に述べたので、超作について述べよう。

超作とは

人間は或る行為をする時、何か或る目的あるいは目標をもち、それの実現のために行為をする。つまり目的を行為の結果として得るために行為をし、努力をする。

しかしヨチヨチ歩きの子どもは、どこかへ行って何かを得るために歩くというより、ヨチヨチ歩くそのことが楽しい。歩くために歩く。歩くこと自身が目的である。初めて運転免許をとった若者は、どこかへ行くのが目的というより、運転する、ドライブすることそのものが楽しくてドライブする。ドライブそのものが目的である。

しかし、ヨチヨチ歩きやドライブばかりしていては食べる糧を稼ぐことができない。人は生きるために、食べるために仕事をする。行為をする。その時は、何か目標を定めてそれを達成すべく行為をし、その目的達成の結果に応じて給料を貰い、生きることができる。

私たちの行為は常に或る結果を求めているのが常である。その時、求めている結果つまり目的が、利己的なものと社会的なもの、個別的なものと普遍的なもの、あるいは両方を含む場合がある。

もし、或る会社、あるいは自営業で或る仕事をする時、このささやかな仕事が達成されて、それが自分や家族の生活を支える結果を得、さらに、ささやかでも人びとや社会のために役立つように祈念して或る仕事をする、行為をする時、その行為は「自己のため」と「社会のため」という目標をもっている。ただ「自己の出世のため」というような利己的目標のためではない、自分をも人、社会をもくるめて成り立つようにと思うことは、自分の心を小さな自分の成り立つためだけに縛るのでなく、社会という広さに自分の存在の枠を拡げて行為をするから、何時の間にか、小さな自分の枠をこえて自分の心が自分の属する社会を包めるほどの大きさに成長しうる。そのような広い心になると、何時の間にか、その広い心にふさわしい社会的地位に就き、社会や会社を指導する働きができるようになる。頭がよくても、自分の利益のみを追求する人は、頭のいい、能力にふさわしい結果と地位を得るであろうが、社会や会社を導く地位には立てない。

ところで、今まで話した行為は、目的が個人的なものであれ社会的なものであれ、或る結果を求めている行為である。もし人が何かの結果を求めないで、行為そのものになりきれたらどうであろうか。

個人的なものであれ、社会的なものであれ、結果としての目的が求められる時には、その結果、目的を求める自分は、行為をしている時常につきまとっている「結果を求める自分」はなくならない。この、結果を求める自分がなくならない限り、結果を求める自分を超えた世界に入ることはできない。結果を求めない行為が超作なのである。

結果や目的を定めないで行為ができるだろうか。

何かをするからには、目的や結果を定めて、それが成就できるように行為すればよろしい。しかし、その目的や結果が得られるように全身全霊を打ち込んで行為そのものになりきり、行為する自分を忘れ、目的そのものになりきる時、その目的が達せられるのである。そして達成された目的、結果に何の執着も生じない時、それは一つの超作の完成である。

行為する自分を忘れ、目的そのものになりきって、行為そのものになりきっても目的が達せられない時は、まだ機が熟してないので目的が達せられないのである。その結果を快く受け入れ、その成就、不成就に執われない時、結果を求める自己は無い。常に心は平安であり、結果や行為を離れて、それらを超えている。

行為やその対象、その結果を超えている故に、どうして目的が達せられなかったかも明らかに直観される。その直観した通りに行為の過程を変えて、再び行為そのもの、目的そのものになりきれば、必ず目的は達せられる。人のためにも社会のためにも役立つ結果が得られるであろう。しかも、その結果を喜んでも、それに執われない、自慢をしない、結果は神によって与えられたものと感謝することができれば、その人は常に行為を通じて行為そのものになりきり、行為の対象、目的と一つになり、対象と対立しつつ、行為をする自己を否定し、超えることができる。

このような、目的と一つになって自己否定をし、自己を超え、結果に執われない行為を超作という。

この超作は、常に神によって支えられ、神によって神のところへ引き上げられる契機をもった行為である。この超作を日頃の日常生活において行なうことによって、人は自然に神の世界、魂の世界に目覚めることができる。

夢中になって我を忘れ、行為そのものになって目的と一つになり、結果に執われない行為をすることは難しそうに思えるが、誰でも日常の生活の中でできることである。そうすることによって、自分の利益のみを追う小さな自分が何時の間にか否定され、なくなって、神の力と愛を感得し、魂に目覚めるのである。その時、良心が目覚め、愛の力が働き、人びとを助け、社会をよくするために、社会を成り立たせる力と愛が全身全霊に張り、働けるようになる。このような人びとが増える時、平和な、豊かな、良心と愛に満ちた地球社会が実現すると思われる。

そして、各人が、人間は身・心・霊よりなる一全体的存在であることに気づくであろう。

それが、人間の真の在り方である。

著者略歴

1925　香川県小豆島に生まる
1951　東京文理科大学（現筑波大学）哲学科卒業
1956　同大学院博士課程修了
1957　科学基礎論学会（京都）講演（「超感覚的なものと科学」）
1958　東京文理科大学記念賞受賞（「東西神秘思想の研究」により）
1960　宗教心理学研究所所長～現在に至る
1962　文学博士（哲学・生理心理学）
アメリカ、デューク大学にて、超常的能力の電気生理学的研究に関し研究と講義
1963　インド、ラジャスタン大学にて、ヨーガの電気生理学的研究に関し研究と講義
著書『宗教経験の世界』ユネスコ哲学部門優良図書に推薦される
1964　デューク大学にて、超常能力の電気生理学的研究に関し再び研究と講義
1967～70　インド、アンドラ大学大学院客員教授（超心理学、生理心理学）
1972　国際宗教・超心理学会（IARP）会長～現在に至る
1977　イタリア学士院アカデミア・チベリナ正会員
スペイン、第2回世界超心理学会副会長
1980　アメリカ『ジャーナル・オブ・ホリスティックメディスン』誌編集委員
1983　インド、ヒンズー大学医学部ヨーガ研究センター海外委員
1988　ブラジル、国際オールタナティブセラピー学会にて特別講演
1989　アメリカ、フェッツアー財団にて特別講演
1990　フランス、第1回人体エネルギー国際大会にて特別講演
1991　南カリフォルニア大学院大学（SCI）日本校設立・学長
1992　フランス、第2回人体エネルギー国際大会にて特別講演
カリフォルニア・ヒューマンサイエンス大学院（CIHS）設立・学長
1993　ブラジル、アドバンスド・メディカル・アソシエイション理事
1994　本山人間科学大学院・日本センター（MIHS）を設立・学長
1995　カナダ、第3回鍼灸医学と自然医学国際大会にて基調講演
1996　J.B.ライン博士生誕百年記念賞受賞
1997　コスタリカ国連平和大学にて講演
米国UCLAメディカルセンターで行われた「仮想現実と超生物学」シンポジウムで特別講演
2000　コスタリカ政府関係者の招聘による講演会とコスタリカ国立大学でのAMIワークショップ（サン‐ホセ）

人間はどこから来て どこへ行くのだろうか

—人間、幸せ、健康について—

2002年7月23日　初版
2009年7月23日　2刷

著　者　本山　博

編集者
発行者　本山カヲル

発行所　宗教心理出版
〒181-0001
三鷹市井の頭4-11-7
TEL 0422-48-3535 FAX 0422-48-3548
URL.http://www.shukyoshinri.com

印刷所　創栄図書印刷㈱

ISBN 978-4-87960-059-2

—宗教心理出版—

本山 博　著作集

書名	副題	判型	頁数	価格
Psiと気の関係	宗教と科学の統一	B6判	146頁	1800円
フィリピンの心霊手術	心霊手術の科学的証明	四六判	265頁	1300円
催眠現象と宗教経験		B6判	133頁	1200円
宗教と超心理	催眠・宗教・超常現象	B6判	158頁	850円
生命物理研究　創刊号	AMI測定電流の波形解析とその意味	A4判	14頁	1900円
生命物理研究　2号	生体におけるエネルギー場について	A4判	25頁	2100円
AMIによる 神経と経絡の研究		B6判	143頁	2000円
東洋医学 気の流れの測定・診断と治療		B5判	308頁	10000円
ヨーガの東西医学による研究		B6判	118頁	1600円
経絡—臓器機能測定について		B5判	155頁	5800円
東西医学による診断の比較		B5判	96頁	2600円
現代社会と瞑想ヨーガ	21世紀こころの時代	四六判	254頁	1553円
チャクラの覚醒と解脱		A4判	368頁	3689円
超意識への飛躍	瞑想・三昧に入ると何が生ずるか	B6判	190頁	1262円
密教ヨーガ	タントラヨーガの本質と秘法	A5判	238頁	2000円
自分でできる超能力ヨガ	4週間で身につくトレーニング法	四六判	252頁	1262円
ヨガと超心理	ヨガ・超心理・鍼灸医学	四六判	170頁	1262円
良心が健康をつくる		B6判	176頁	1524円
仮想から現実へ	コンピュータ時代における良心の確立	四六判	201頁	1600円
愛と超作	神様の真似をして生きる	四六判	274頁	2427円

—宗教心理出版— 本山 博 著作集

書名	副題	判型	頁数	価格
人間と宗教の研究	地球社会へ向けて	四六判	225頁	2524円
啓示された人類のゆくえ	予言はいかに実現されたか	四六判	312頁	2718円
地球社会における生き方と宗教	人類に幸せと霊的成長をもたらすもの	A5判	290頁	2913円
霊的成長と悟り	カルマを成就し解脱にいたる道	四六判	239頁	1262円
カルマと再生	生と死の謎を解く	四六判	262頁	1942円
祈りと救い	真の祈りとは何か	四六判	232頁	2039円
神々との出会い	苦しみを超え、真の自由、愛、智慧を得る	四六判	307頁	1262円
宗教の進化と科学	世界宗教への道	A5判	196頁	2200円
輪廻転生の秘密	再生・カルマとそれを超える道	B6判	210頁	1300円
奇跡と宗教体験	神に導かれたすばらしい人生	四六判	233頁	1000円

◇IARP年次大会講演集◇

書名	副題	判型	頁数	価格
講演集　宗教とは何か　私が生きて・掴んで・実践したもの		四六判	212頁	1500円
健康と霊性	WHO（世界保健機関）の問題提起に答えて	四六判	250頁	1524円
良心の復権	21世紀における良心の諸問題	四六判	249頁	1550円

◇名著刊行会◇

書名	判型	頁数	価格
気・瞑想・ヨーガの健康学	四六判	240頁	2500円
坐禅・瞑想・道教の神秘	四六判	250頁	2330円
呪術・オカルト・隠された神秘	四六判	214頁	1800円
宗教と医学	四六判	265頁	2524円

※本体価格